线装国学经典

鬼谷子全书

第二册

〔春秋〕鬼谷子 著

李楠 编译

第四章　抵①巇②第四

【阅读提示】

一、天下万物都有离有合，都会产生矛盾，从政者一定要观察矛盾的特征，采取不同的态度对待。

二、矛盾总是从细微发展到巨大，圣人总是能抓住事物的危险特征，及时采取措施。

三、当天下的缝隙扩大，矛盾激化时，如果可以补救，就协助当权者补救，如果不能补救，就取而代之。

四、抵巇之术是一种符合自然之道的圣人之道，人们可以根据时代的发展，灵活运用。

物有自然，事有合离；有近而不可见，远而可知。近而不见者，不察其辞也；远而可知者，反往③以验来④也。巇者，罅也，罅者山间也；山间者，成大隙也。险始有腾，可抵而塞，可抵而却，可抵而息，可抵而匿，可抵而得，此谓抵巇之理也。

①抵：对抗的意思。

②巇：同隙，是虚的意思。

③往：既往、过去。

④来：将来的意思。

事之危①也，圣人知之，独保其用，因化②说事，通达计谋，以识细微，经起秋毫之末③，挥之于太山④之本。其施外，兆萌芽蘖⑤之谋，皆由抵巇隙，为道术。

①事之危：有危机征兆的表现。

②因化：顺应变化。

③秋毫之末：指秋季动物生出的细毛。比喻事物的微末。

④太山：也作泰山，是壮丽又宏伟的名山。

⑤兆萌芽蘖：兆萌是微小的征候。芽蘖是伐木后从根部所生的新芽。

天下纷错①，上无明主，公侯无道德，则小人谗贼②，贤人不用，圣人窜匿③，贪利④诈伪者作，君臣相惑，土崩瓦解⑤，而相伐射⑥，父子离散，乖乱反目，是谓『萌芽巇罅⑦』，圣人见萌芽巇罅，则抵之以法。世可以治，则抵而塞之，不可治，则抵而得之。或抵如此，或抵如彼；或抵反之⑧，或抵覆之。五帝⑨之政，抵而塞之，三王⑩之事，抵而得之，诸侯相抵，不可胜数。当此之时，能抵为右⑪。

①纷错：错是混乱、骚乱。纷错是四分五裂。

②谗贼：本是进谗言的小人。

③窜匿：逃跑隐匿。

④贪利：贪图利益。

⑤土崩瓦解：像土一样崩开，像瓦一样裂开。崩离，离散。四分五裂。

⑥伐射：互杀互射。

⑦巇罅：裂痕、缝隙。

⑧反之：意思是如果相反的话，帮助这些，使之复原。

⑨五帝：我国古代五位圣天子，也就是黄帝、颛顼、帝喾、尧、舜。也有的说为：伏羲、神农、黄帝、尧、舜。

⑩三王：古代三位明王，是夏禹王、商汤王、周文王。

⑪右：上位。

自天地之合离终始，必有巇隙，不可不察也。察之以捭阖，能用此道，圣人也。圣人者，天地之使[1]也，世无可抵，则深隐而待时，时有可抵，则为之谋。可以上合[2]，可以检下[3]。能因能循，为天地守神。

①天地之使：天地的使者。

②上合：对上可合作。

③检下：对下可以督查。

【译文】

天地万物都有它们自然存在的规律，事情都有它们自然离合的道理。

有的距离很近却视而不见，有的距离很远却能知其然；距离近的所以看不见，那是由于习惯不去考察对方虚实的缘故；距离远的所以能知道，那是因为经常来往、互相体察的缘故。所谓『巇』就是『罅隙』，而罅就是裂痕，小的裂痕就会变成大罅隙。当裂痕刚出现时，常有预兆，就应该设法加以对付堵塞，使其变小，使其不再扩展，使其消失，并从而有所获，这就是抵巇的原理。

当事情发生危机时，圣人是清楚的，而且能独自维护其功用。利用事物变化的原理说明事情的原委，并且能通过种种谋略，以观察对手的一举一动。万物都是从秋毫之末开始的，但是成功之后，根基却能如同泰山一样，宏伟壮观。当这种圣人的德政推行外方后，那么奸邪小人的一切阴谋诡计，都被排斥，乃至于消灭。可见抵巇敌人就是一种道术。

天下纷乱，朝廷上没有明君，公侯缺乏道德，小人嚣张狂妄，贤能之人不被任用，圣人逃匿，贪赃枉法者兴风作浪，君臣之间互相猜疑，国家纲纪土崩瓦解，以致百姓互相攻战杀伐，民不聊生，流离失所，骨肉离散，夫妻反目，这就是『裂痕出现』。当圣人看见这种裂痕之后，就要采取相应的手段去治理这种局面。圣人认为：国家能够治理，就要对反叛者加以抵抗消灭；不可治理就对之彻底改造，使之获得新生。或这样对付，或那样对付；或使反叛者归正，或使反叛者消亡。五帝时代的政治，是对敌手进行抵抗进而消除，以此来维护、巩固政权；三王时代的政治，是对敌手进行抵制、消灭而取得政权。

诸侯之间的互相征战，其次数之多已无法计算。当天下混乱时，能抵抗对手的人为尊者能人。

自从天地有离合变化以来，就有逆乱的事件出现，这是为政者不可不慎察的。要想观察这问题，就要用『捭阖之术』，能用此道的就是圣人。所谓圣人，乃是天地的使者。

假如世间没有可『抵』之事，就隐形匿行等待时机，假如世间有可『抵』之事，就挺身而出，为国家出谋献策。对上可以跟君主合作，对下可以治理百姓。既有所依据，又有所遵循，这就是天地的守护神啊。

鬼谷智囊

一、因小失大的虞国公

晋国是周朝初立时，周成王的弟弟叔虞的封地，位于今天的山西西南部。晋的南面有两个小国家，一个叫虞，一个叫虢。这两个国家山水相连，他们的祖先又都姓姬，所以两国相处得非常和睦，唇齿相依。

可是，虢国的国君狂妄自大，经常到晋国的边界闹事，袭扰晋国。晋献公把虢国的骚扰看成心腹之患，总想灭掉虢国。

有一天，晋献公问大夫荀息：『现在可以对付虢国吗？』

荀息说：『不行。现在虞、虢两国关系很好，要是攻打虢国，虞国一定来援助。咱们双拳对付他们四手，我看恐怕获胜没有把握。』

献公说：『照你这么说，我们只能眼看着虢国欺负晋国？』

荀息说：『虢公喜欢玩乐，我们送些美女去，让他沉迷于女色，不理政事，我们就可以乘机攻打虢国了。』

晋献公果然在晋国选了一些美女送给了虢公，虢公见了晋国送的美女，果然整日吃喝玩乐，花天酒地。

这时候晋献公又问荀息：『现在我们可以攻打虢国了吧？』

荀息说：『可以了，不过，如果咱们去攻打虢国，必须得经过虞国的夏阳。您可以送虞公一份厚礼，向他借路，去讨伐虢国。这样一来，虞国就会被虢国猜疑，虞国也就不会帮助虢国了。』

于是献公就派大臣荀息去虞国借路。荀息说：『我想借您那块垂棘产的玉璧和那匹屈邑出的骏马来贿赂虞国，只有这样，他们才会答应我们要借路的要求。』

献公听后，急忙说：『垂棘的玉璧是先辈传给我的，屈邑的骏马是我最心爱的，这两件东西我都视若珍宝，如果他们收下了东西，却不借给我们路，那怎么办呢？』

荀息胸有成竹地说：『他们如果不借路给我们晋国，一定不会接受我们的礼物；如果他们接受我们的礼物，就肯把路借给我们，这就等于我们把玉璧从内府转到外府，把屈地产的良马从内厩牵出来关到外厩里。迟早都是我们的，您还怕什么呢？』

献公思忖了一会儿，答应了荀息的要求。

荀息见了虞公，先送上一匹千里马和一双名贵的玉璧。虞公是个贪心很重的人，见了礼物眉开眼笑，手里把玩着玉璧，眼睛盯着千里马，心里没有别的担心，只怕荀息突然改变主意，把宝贝再要回去。他问荀息：『这些东西是贵国的镇国之宝，你们的国君怎么会舍得送给我呀？贵国一定是有什么事，要我帮助吧？』

荀息说：『敝国国君一向仰慕您的大名，这点薄礼只是表示一点心意。顺便有点小事求您帮个忙，虢人多次侵犯我们的边界，我们打算惩罚他们，贵国可不可以借一条道，让我们过去？如果侥幸打赢了，所有缴获，都送给您。』

这时，虞大夫宫之奇说：『大王，您不能答应他们的无理要求！虞国和虢国是唇齿相依的关系，嘴唇没有了，牙齿就要受冻，虢国没有灭亡，是靠着虞国，虞国没有被灭亡，也还是因为有虢国。若是借路给他们，虢国早晨灭亡，虞国在晚上就会被消灭，大王您千万要想清楚啊！』

虞公说：『晋国连这么贵重的宝贝都送给我了，足以表明他们与我们交好的诚意，如果我们连条道都舍不得借给他，未免太说不过去了。而且晋国比虢国强大十倍，就算失去虢国，交上了更强大的晋国做朋友，有什么不好呢？』

宫之奇再想劝他几句，大夫百里奚止住了他。退朝后，宫之奇问百里奚：『您怎么不帮我说几句，怎么倒劝阻我呢？』

百里奚说：『咳！帮糊涂人出主意，就像把珍珠扔在道路上。国君反正是不会听的，继续再劝下去，说不定您的生命还会有危险哪！』

宫之奇料到虞国一定会灭亡，便带着全家老小悄悄地跑了。

晋献公在周惠王十九年（公元前658年）派里克和荀息去讨伐虢国，晋国的兵马经过虞国的时候，虞公对荀息说：『我为了报答贵国，情愿率兵助战。』

荀息说：『您若要派兵助战，还不如将下阳关献给我们。』

虞公百思不解地说：『下阳是虢国的地方，我哪有办法献给你呢？』

荀息说：『我听说虢公在和犬戎交战，未定胜负，您装作前去助战，他们一定把您放进去。您将兵车都装上我们的晋兵，他们只要一开城门，下阳关就是我们的了嘛！』

虞公百依百顺，果然帮助晋军骗开了下阳关的城门。晋军乘胜前进，虢国在周惠王二十二年（公元前654年）被灭了。

里克将抢来的财宝和俘获的歌女分了一些给虞公，虞公十分高兴。里克将大军驻扎在虞国都城外，说休息几日再回去。

一天，忽然守门的人进来报告：『晋侯已到城外。』虞公赶紧备车，来到城外欢迎。晋侯约虞公一起到箕山打猎，虞公为显示自己的排场，把城中的兵马全部调出，跟随自己打猎去。

他们玩得正高兴，百里奚吁吁直喘地跑来说：『城里听说出事了，您赶快回城吧。』

虞公来到城边，只见一员大将站在城楼上，威风凛凛，向虞公喊道：『您好啊！我们前次蒙您借给一条路，这次又蒙您把一个国家借给我们，真谢谢您了！』

虞公顿时大怒，便要攻城。不料城墙上箭如雨下，又听有人喊：『晋侯大军到了！』这时候，虞公才如梦初醒，十分悔恨，回头看到只有百里奚还跟着自己，便说：『当初您怎么也不劝阻我呢？』

百里奚说：『连宫之奇的话您都听不进去，我的话你还能听吗？』

正说话间，荀息左手拿着宝玉，右手牵着骏马，来向献公汇报战功，献公微笑着看着自己的宝贝说：『玉璧还没什么变化，就是马的牙齿稍长了一点。』

献公笑嘻嘻地向虞公说：『我这回来，就是为了收回我的玉璧和千里马的！不过，我也没有忘记您借道给我的好意，送给您另外一匹马和一块玉璧吧。』

【品读】

贪婪和愚昧是人性中两个最大的弱点，会让自己的事业出现巨大的危机，与伙伴之间产生裂痕。与其说虞国的灭亡是因为虞公的贪婪，不如说是他的愚昧和短视断送了自己的国家，使自己成了晋国的阶下囚。尽管他身边的大臣宫之奇看透了晋国的企图，但是虞国国君并不能采纳他的建议，而是屈从了贪婪的欲望。其实，每个人的内心深处都会有不同程度的欲望，但是问题在于，当这种贪图和欲望不加节制地膨胀的时候，是否能够控制自己的欲望，就是明智者与愚昧者的分水岭，明智者会十分果断地抑制住自己的欲望，而愚昧者则会不顾一切地要满足自己的贪欲，进而让自己陷入万劫不复的地步。

二、曹沫劫盟

齐桓公在北杏召集诸侯会盟，可是鲁国却没有参加。桓公决定给鲁国点颜色看看，于是亲率大军攻打鲁国的附庸遂国。

鲁庄公得知消息，急忙召集群臣商议。大臣施伯和曹沫都主张与齐国和好。就在这时候，齐桓公派来送信的人到了，信中责备鲁庄公不去北杏会盟。

鲁庄公复信答复说：『开大会的时候我正好生病，没来得及参加，实在抱歉。如果您把军队撤回齐国境内，我马上就去会盟。』齐桓公接到回信，非常高兴，就撤了兵。

鲁庄公带着曹沫去齐国会盟，只见会场的前后左右都布满了士兵。气氛十分紧张。鲁庄公见这阵势，先就胆怯了，上台阶的时候，两腿直发软；曹沫镇定自若地手按利剑，紧跟在鲁庄公的后面保护。

齐、鲁两君见过面，一位大臣捧着一盆牛血上来，请两位国君歃血立盟。按照当时的规矩，立盟约的人为表示诚意，要把牛血涂在嘴唇上。两位国君刚要伸手沾血，曹沫亮出宝剑，抢上前一步，用短剑对准了齐桓公的肚子。众人见了，不禁大惊失色。

管仲急忙跑上前来，用自己的身体挡住齐桓公，厉声质问曹沫：『你要干什么？』

曹沫说：『既然两国会盟，号召扶弱抑强，那么鲁国连年战争，已濒临绝境。你们为什么不替鲁国想想呢？』

管仲问：『那你想怎么办？』

曹沫说：『齐国凭借着力量强大，欺负弱小的鲁国，干时之战凭空夺去我们汶阳之田，今天就请原样归还给我们，否则，天下诸侯怎么信服？我们也绝不订立盟约！』

管仲回头对齐桓公说：『主公，您答应吧！』

齐桓公见曹沫手中明晃晃的利剑就在眼前晃来晃去，他急忙说：『我答应！我答应！』曹沫这才收起宝剑，转身接过装牛血的盆子，请两位国君歃血。

然后，曹沫又对管仲说：『您是齐国的相，我想和您歃血，请您担保实现贵国国君的诺言。』

齐桓公说：『无须如此，我向你起誓。』说完便面对曹沫手指天空说：『让上天作证，我一定退还汶阳之田。』

曹沫见桓公对天立誓，便向齐桓公拜了两拜，扔掉剑走了下去。

会盟结束以后，齐国的大臣们很生气，都要求齐桓公把鲁庄公杀掉，出出这口窝囊气，齐桓公也准备反悔。

然而管仲却不同意，他对大家说：『土地与信用比起来，信用是更重要的。有了信用，才可以称霸，霸业既成，何患无地？用不着为一小块土地毁掉我们齐国的信用。』

齐桓公想了想，对大臣们说：『我既然答应人家了，说话要守信的！』大臣们只好作罢。第二天，齐桓公摆下酒席，送鲁庄公回国，并且就把汶阳之田如数还给鲁国。鲁庄公带着曹沫，兴高采烈地回国了。

诸侯们听说了这件事，齐桓公讲信用的风度令他们敬佩，都想与齐国交好。卫、曹两国也派人来赔礼道歉，并且请求会盟。

【品读】

管仲劝说齐桓公遵守『剑下之约』，看上去似乎有些出人意料，然而事实证明，这种看似愚蠢的做法却为齐国赢得了更大的名声。不仅树立了齐桓公的诚信形象，而且还对其他诸侯国产生了巨大的感召力。从此可以看到，齐桓公身边的管仲所起到的作用。如果君王在判断、选择的时候，身边的大臣都会发挥十分重要的作用。从这个意义上来讲，管仲就是鬼谷子所称道的『对上可以跟君主合作，对下可以治理百姓』的天地的守护神。他创立了一种有利于诚信的价值观，这种价值观不仅极大地改善了诸侯国之间的关系，而且也让更多的百姓免遭战争的涂炭。

三、被遗忘了的介子推

晋公子重耳逃亡了许久，终于又回国登上了王位，举行了复国封赏大典，原来跟随他逃难的人，一下子都加官晋爵。那些接济过他的人，也都做了官儿，对投降归附的旧臣，也都做了适当安排。他还下令，特赦了吕、隙两族的家眷和随从。然而在这次封赏中，重耳却忽略了一个对他来说非常重要的人，这个人就是介子推。

介子推曾经跟重耳一齐出逃，一直跟随着他，并为他争取回国执政为王出过大力。有一次，重耳在流亡途中又累又饿，派随臣出去寻找吃的东西却找不到，就在几近绝望的时候，介子推从自己的大腿上割下了一块肉，煮了一碗肉汤让公子重耳喝了。

一碗肉汤下肚，重耳渐渐恢复了精神，当他知道了自己吃的肉竟然是介子推从自己身上割下的时候，重耳感动得流下了眼泪。

封赏后，文公怕有遗漏，派人在宫门前贴了一张诏令：如有功的人，还没受封赏的，可以前来自报。这天清晨，宫前门上出现了一张无名帖子，上写：『有龙失所，到处奔走。数蛇相从，历尽辛苦。龙饥无食，一蛇割股。龙归大海，安其壤土。数蛇入穴，终得其所。一蛇无穴，有谁怜顾。』

卫士们忙将帖子揭下，进宫禀报。晋文公看了以后说道：『这是介子推在埋怨我呀！从前经过卫国时，他割下股上的肉让我充饥，怎么封赏功臣竟把他忘了！』

文公立即派人去请介子推，谁知，介子推已经离家出走，不知去向了。原来，介子推因为回国渡黄河的时候，看见狐偃以功臣自居，耻于和他一起为官，就假托有病，甘愿在家过着清贫的日子，靠织麻鞋来养活年迈的老母亲。

晋文公论功行赏偏巧又把他忘了。他的邻居有个人，名叫解张，见介子推没有得到赏赐，替他抱不平，就催促介子推写信补报自己的功劳。介子推的老母亲对他说：『你效劳君王十九年，曾经割股救君，功劳不小，只落得织麻鞋度日。你自己去诉说清楚，也许可以求得几斗粮米，可以早晚食用。』

介子推说：『晋献公共有九个儿子，只有主公重耳最有贤德。惠公、怀公不实行德政，上天对他们不满，国民不拥护他们，把晋国夺回来归还主公重耳，群臣又不知天高地厚，急功邀赏，我为这些人感到羞耻。我愿一辈子织麻鞋，也不愿贪天之功据为自己有啊！』

他老母又说道：『你虽然不要俸禄，也应该入朝见一见主公，那样就不会埋没你的功劳。』

介子推说：『我既然没有什么索求的，还见他干什么呢？』

老母亲感叹地说：『你既然能做廉洁之士，难道我不能做廉洁的母亲吗？你我母子应该隐居深山之中，再也不要沉浸在混浊的市井中。』

介子推说：『我一向喜欢绵山，那里山高谷深，风景秀丽，我们现在就去。』说罢便背着母亲上了绵山。

介子推在深山谷林中盖起茅屋，过着以草为衣、采果猎物为食的原始生活。介子推母子进入绵山之后，邻居解张感到很不平，于是他就代介子推写了那个帖子。晋文公把他的邻居们都叫来，追问介子推的去向，并且说：『有能说出介子推去向的，也与子推一同做官。』

解张承认说：『这封怨恨信不是介子推写的，是我写的。他耻于向您求得赏赐，背着老母去隐居绵山了。我恐怕他的功劳被埋没，所以写信替他申述。』

晋文公说：『如果不是你写这封信，我几乎就忘了介子推的功劳了！』于是，他封解张为下大夫，当天起程，让解张做前导引路，亲自去绵山寻找介子推。那绵山层峦叠嶂，草树丛生，山间泉水，潺潺流动不息，万里高空望蓝天，朵片行云浮空中，山林中百鸟齐鸣。

晋文公下令把车仗停放山下，派人四处查访，几天以后仍然找不到介子推的踪影。晋文公的脸上显露出不高兴的神色，他对解张说：『子推难道这样怀恨寡人吗？我听说介子推很孝顺，如果我放火烧山，他一定会背着母亲逃命跑出来。』

于是，晋文公下令烧山，火烈风猛，一会儿工夫，苍茫的绵山变成一片火海。大火一连烧了三天三夜，可是，却一直没有看到介子推母子出来。大火熄灭之后，晋文公派人进山去寻找介子推，人们在一株烧枯的柳树下，发现了介子推母子相抱在一起的尸体。人们在装殓介子推遗体的时候，发现了他临死时留下的绝笔：

割肉奉君尽丹心，但愿主公常清明。

柳下做鬼终不见，强似伴君作谏臣。

倘若主公心有我，忆我之时常自省。

臣在九泉心无愧，勤政清明复清明。

晋文公看罢这首劝谏诗，掉下了眼泪，他派人厚葬了介子推母子，并且立起一座介子推祠堂来祭祀他。然后又把离绵山二十公里的定阳县改名为『介休』，意指介子推休息于此地。绵山周围的田地，都作为祭祠的用田，叫当地农夫掌管每年祭祀的事情。

随后，文公命人将旁边烧剩下的残木劈成板子，做成木鞋，穿于脚上。让『嗒嗒』作响的木屐之声时时提醒自己，不重犯错误，不重蹈覆辙。

【品读】

晋文公对于介子推的忽视，并不是无意的，实际上他有他自己的想法。我们抛开介子推不贪图富贵的品格不谈，仔细考察他在重耳流亡中的表现，除了割股进肉之外，对重耳登上王位和称霸诸侯，既没有提出过任何值得大书特书的谋略，也没有做出什么重大的贡献，重耳对介子推的忽视，只能说明重耳在成为国君之后，已经把封赏作为吸引治国安邦的人才的重要举措，而不是报答个人恩情的手段了。介子推坚持不受封赏，坚持与母亲一起隐居绵山，除了说明他人格的高贵之外，也是因为他看清了作为臣子，可以与国君共患难，却很难与其共富贵，与其在庙堂之上身败名裂，不如归隐山林，得大自在。

四、从琴声中听出亡国之音的师旷

春秋时代的师旷是晋国人，他虽然是个盲人，但却精通音律，琴艺高超，据说，在他弹琴的时候，马儿也会停止吃草，鸟儿也会停止飞翔，都沉醉于他的琴声当中。晋平公见师旷有如此特殊的才能，便封他为太师。

公元前534年，晋平公新建的虒祁宫落成，要举行庆祝典礼。卫灵公为了修好两国关系，就率团前去祝贺。他们一行朝辞帝丘，走到濮水河边，天色已经慢慢地黑下来，他们在河边停车歇息。

夜半时分，卫灵公在蒙眬之中，突然听到一阵琴鼓丝竹之音。他披衣俯窗，侧耳细听，曲调新奇，微妙悦耳，问及左右，都说听不见，于是召来随行的乐师师涓，命他把这奇妙的音乐记录下来。师涓听后告诉灵公：『我能听懂一个大略，但是必须要在这儿住一晚，我才能记下来。』

师涓静静地坐在河边，一边把调子记下，一边学着弹奏，尽得其妙。第二天，灵公问师涓这个曲子的来由。师涓说道：『殷朝末年，纣王命师延创作靡靡之音，师延不肯，纣王就要杀他，师延没办法，只好谱了一曲，纣王听了以后十分喜欢。后来，周武王伐纣时，师延抱琴东逃，乘般沿濮水东下，到了这个地方投水而死，从此水中常有音乐声靡靡传出。』

师涓本想以此来说服卫灵公不要沉迷于这种亡国的靡靡之音，更不要因此而荒殆国政，但是灵公却并不介意什么亡国之音，而是越听越入迷。

卫灵公一行来到晋国，见虒祁宫如此富丽堂皇，不由得啧啧称道。晋平公摆筵招待卫灵公，在酒席上，卫灵公命师涓演奏从濮河边听到的曲子来助兴。师涓不得不从命，于是就遵命理弦调琴弹奏起来。

在音乐刚刚开始的时候，师旷还面带微笑，用心地倾听着。可是，过了不大的工夫，师旷脸上的笑容渐渐消失了，神色越来越严肃。师涓刚将曲子弹到一半，师旷再也忍不住了，他猛地站起身喝道：『快快停住！这是亡国之音啊！』

卫灵公听师旷这么一说，吃惊地愣住了。师涓更是吓得不知所措，十分尴尬的望着卫灵公。

晋平公见喜庆之时，太师将卫国国君一行人弄得下不了台，急忙责怪太师说：『这曲子好听得很，你怎么说它是亡国之音呢？』

师旷道：『这是商朝末年乐师师延为暴君商纣王所作的靡靡之音。你们一定是在濮河边听来的。这音乐很不吉利，谁要沉醉于它，谁的国家一定会衰落。所以国君是不能听这首曲子的。」

晋平公很不以为然地说：「早已改朝换代了，我们现在演奏，又有什么妨碍呢？你还是让乐师弹下去吧！」

师旷摇摇头道：「好的音乐可以让一个国家精神振奋，亡国之音则会使人堕落。主公是一国之君，应该多听佳音美曲，为什么要听亡国之音呢？」

晋平公见卫灵公一行人面有难色，便命令师旷道：「你快松手，让乐师弹下去！」

师旷只能松手。师涓终于弹完了那支乐曲。当最后一个音符消失，晋平公见师旷面带愠色，便故意问道：「这是什么曲调的乐曲？」

「这就是所谓的《清商》。」师旷回答。

「《清商》是不是最悲凉的曲调？」

「不是，比它更悲凉的还有《清征》。但是古代能够听《清征》的，都是有德有义、尽善尽美的君主。大王的修养还不够好，不能听！」

晋平公道：「我不管这些，我只是要听我喜欢的音乐。你快弹吧！」

师旷感到王命难违，只好坐下来，展开了自己的琴。当他拨出第一串音响时，便见有十六只玄鹤从南方冉冉飞来，一边伸着脖颈鸣叫，一边排着整齐的队列展翅起舞，晋平公和参加宴会的宾客见到这个奇异的景象，大家都赞叹不已。

一曲终了，晋平公激动地提着酒壶，离开席位边向师旷敬酒边问道：「在人世间，大概没有比这《清征》

更优美的曲调了吧？』

师旷答道：『不，它远远比不上《清角》。』

晋平公喜不自禁地道：『那太好了，就请你再奏一曲《清角》吧！』

师旷急忙摇头道：『使不得！《清角》可是一支不寻常的曲调啊！它是黄帝当年于西泰山上会集诸鬼神而作的，怎能轻易弹奏？』

可是晋平公一定要听，师旷无奈只好从命弹起了《清角》。当一串玄妙的音乐从师旷手指流出，西北方向的晴空突然滚起乌云，随后狂风暴雨应声而至，尖厉的狂风呼啸着，掀翻了宫廷的房瓦，撕碎了室内的一幅幅帷幔，各种祭祀的重器纷纷震破，屋上的瓦坠落一地。

满堂宾客吓得惊慌躲避，晋平公趴在廊柱下喊道：『赶快停止！不要再弹了！』

师旷停手，顿时风止雨退，云开雾散。

晋平公的王宫修缮一新后，又铸了大编钟，乐工们都以为此钟是合于律制的，但师旷用手轻轻一弹，认为不合。后来，师涓有机会来到晋国，经过校正钟律，果然发现此钟的音响是不协调的。

有一次，晋平公制成一张琴，大琴弦和小琴弦音高相同，他让师旷来调整它。师旷拨了两下，一下就发现了其中的问题。他借题发挥道：『对于琴来说，大弦好比君主，小弦好比臣下。只有大小相应，各得其所，才能合阴阳，成就美声。现在大王让它们相互混合，我这个瞎子怎么能调好它们呢？』

晋平公经师旷这么一说，细看大小琴弦，正是由于相互混同才导致音律不分高低，他再一细想，明白师旷是在用调琴来说明治国用人的道理，从此对师旷更为尊重。

【品读】

师旷能够敏锐地听出大钟不合韵律，这对于一个音乐家来说，并不算是什么奇迹，但是，能够从音乐中听出其中的『亡国之音』，这就不仅仅是懂得音乐知识那么简单的事情了，这需要有更为高超的才识，以及能够通过音乐来劝谏国君的勇气和智慧。师旷通过琴来比喻国君，用音乐来说明天下兴亡的道理，防微杜渐，对国家有可能出现的危险苗头提出预警，这样的人才不愧为人中才俊，是许多明眼人都赶不上的。

五、能够识人的叔向

春秋时期，晋国两大权贵范、栾两家之间的矛盾激化，演化为一场激烈的政治斗争。这场斗争起因于多年前栾氏家族谋杀晋厉公。

范、栾本来都是晋国的名门望族，结成亲戚关系。范宣子的女儿嫁给了栾冬，生下儿子栾盈。栾冬死后，栾盈发现母亲与人私通，但是，他又不好意思对母亲发火，便迁怒于看门的小吏，狠狠地鞭笞了守门小吏，并下令对出入的人严加盘问。没有想到，他的做法招来了母亲的怨恨，他母亲恼羞成怒，竟趁给自己的父亲范宣子贺寿的机会回到娘家，对父亲说了栾氏的许多坏话，造谣说，栾盈咒骂外公『专权』，宣称栾家与范家『势不两立』。正在执掌晋国朝中大权的范宣子听了女儿这些话，马上鼓动晋平公对多年前的谋杀案进行清算，报复栾家。

在这场政治动荡中，栾氏家族的干将羊舌虎被抓了起来。羊舌虎有两个兄弟，一个叫羊舌赤，另一个叫羊舌肸，而后者，就是历史上著名的叔向。

这两兄弟虽然没有参与作乱，平时也享有贤能的名声，但此时也受到了牵连。大夫叔鱼很受晋平公信任，他仰慕羊舌兄弟贤能的名声，很想找机会认识他们。

这天，他来到朝门，正好遇上叔向，叔鱼施礼并安慰他说：『请先生不要着急，我见主公，一定尽力给先生兄弟二人说情。』

但是叔向冷笑了一声，并不领情，甚至连句道谢的话也没说，弄得叔鱼很尴尬。

羊舌赤听说了这件事，责备弟弟说：『唉，我们兄弟算是死定了，羊舌氏非绝后不可！你怎么这么傻呢？叔鱼得到了君侯的宠信，如果能让他说几句好话，主公放过了咱们，那不是羊舌氏的福气吗？可是，你怎么不理睬人家，在这样的紧要关头去得罪人家呢？』

叔向却不这样认为，他笑一笑说：『死生由命吧。如果老天保佑，不使我羊舌氏绝后，必然是由祁奚老大夫出面说话，叔鱼是没有用处的！』

羊舌赤争辩道：『你这话好没道理！如今，那叔鱼是晋平公跟前的红人，他每天都在君侯身旁侍候，而你不看重他，而祁奚已经告老还乡，很少有机会进宫面君，现在他的手中一点权利都没有了，你竟然把自己的身家性命全都押在一个行将就木的老人身上，这不是信口胡说吗？』

叔向见哥哥生气了，就不紧不慢地说：『那叔鱼虽是平公跟前的红人，但也是趋炎附势、阿谀奉承、溜须拍马的小人，他一心只想要让君主高兴，一定不会逆着君主的意思说话的。在我羊舌氏福祸存亡的问题上，他能真的给我们说情吗？那祁奚老大夫就不同了，为人正直坦荡，光明磊落，一定会搭救我们的。』

不久，晋平公处理栾氏谋反一案，谈到了羊舌氏兄弟。他问叔鱼：『你想想看，那羊舌虎参加谋反，他的哥哥羊舌赤、叔向能不知道吗？』

叔鱼悄悄望了平公一眼，猜测着平公的语气，他在心里暗忖：『看来主公是不想饶恕羊舌兄弟啦！』转念又想到他上次见到叔向的时候，叔向让他很难堪，他在心里恨恨地想：『那次见面，我好心好意地说了几句安慰的话，谁知叔向那小子却不识抬举！』想到这里，叔鱼马上应声说道：『主公英明！俗话说，「最亲的是兄弟」，这么大的事情，怎么会不知道呢？』叔鱼这几句话好像火上浇油一样，终于促使晋平公下了决断——把羊舌氏兄弟全抓起来，关到狱中听候发落。

祁奚的儿子祁午听说羊舌氏兄弟蒙难，面临杀身灭门的惨祸，慌忙派人星夜赶到祁地去见父亲祁奚，求他为羊舌兄弟说好话，求得个宽大处理。

祁奚见信吃了一惊，急忙动身，坐了驿传所用的快车，星夜赶到都城，直接到范宣子的府上求见。一见面，范宣子说：『祁大夫，您这么大年纪了，竟日夜兼程赶来，来到我的家，想必一定有什么重要的事情吧？』

祁奚答：『老夫为晋国国家存亡而来，不是为别的什么事。』

范宣子大吃一惊，忙问：『不知什么地方关系到国家存亡，使老大夫这样着急？』

祁奚严肃地指出：『贤人是国家的保卫者和基石。羊舌赤为晋国立有大功，羊舌赤和叔向又能继承和发扬他的美德和才干，是难得的贤人。特别是叔向惠而有谋，是国家的栋梁之才，以其弟之故而杀他们，是弃国家社稷于不顾，这样做，是非常愚蠢的，至于羊舌虎，是个不肖之子，参与栾氏叛乱，他是自作自受。可是把羊舌氏兄弟三人都抓起来杀掉，莫非就不觉得可惜吗？当年郤芮反逆遭了惩罚，而郤缺却被提拔起来在朝中做了大官。这是先君英明的地方。既然父子之罪都不互相牵连，更何况兄弟之间呢！范先生，你假使因为有私人恩怨就借机乱杀无辜，假如鱼死网破，那么，这晋国的江山社稷可就危险啦！』

祁奚是晋国德高望重的老臣，现在他亲自赶来，这样严肃地批评和提醒范宣子，指出他可能要犯的大错误，使范宣子不得不惊怕起来。他慌忙离席致谢，并请祁老大夫与他一起进宫谏阻晋侯。

于是，二人并车入朝去参见晋平公，两人来到朝堂上对晋平公说：『听说善于治国的人，行赏不过分，施刑不轻忽。行赏过分，恐怕会赏到奸人；施刑轻忽，恐怕会使君子受刑。如果不幸做过了头，那么宁可行赏过分赏赐了奸人，也不要施刑过分伤及君子。因而尧施刑杀了鲧，而到了舜时仍起用了鲧的儿子禹；周施刑杀了管叔、蔡叔，而仍任用他们的弟兄周公。这些都是不轻忽用刑的典范啊！』

晋平公听了，宣布免除羊舌两兄弟的罪行，并官复原职。二人得到赦免，入朝谢恩出来后，羊舌赤对叔向说：『咱们应当到祁老大夫处去表示谢意，感谢他的救命之恩！』

而叔向却说：『用得着去感谢吗？他为的是晋国国家的安危存亡，可不先是为了咱羊舌氏兄弟呀。』说完，扬长而去。羊舌赤总觉得过意不去，弟弟不通情理，怎么说也不去道谢，自己可不能不去呀！

他独自前往祁午府上，求见祁奚老大夫。祁午对羊舌赤说：『对不起，我父亲见过晋侯以后，一刻也没停留，就回祁地去了。』

【品读】

叔向是古代的智者，也就是鬼谷子所说的能够预知天下之将要出现巇隙的贤人。叔向能不理睬叔鱼而寄希望于祁奚，实因对二人的人品和性格都了如指掌，他能够识人的本领，是来自他对事务的正确判断，他能够看清楚什么样的人是君子，能够为国家的利益考虑，什么样的人是奸佞小人，会附和国君一时的心思，助纣为虐。充满智慧的人，对事情的发展早已运筹帷幄，在危险的境况下，仍然能够保持才能谈笑自若，不失其君子之风范。

六、敢于承担的宋景公

宋国的景公有一天在上早朝的时候，太史官禀报说：『昨天晚上，下官按惯例观察星象，发现了「荧惑守心」的星相，这是个大凶的星象，请大王召集百官商议对策。』

荧惑即火星，荧惑守心就是火星正好停留在心宿不去。在古人看来，火星的运行路线最复杂，行踪最让人捉摸不透，所以起名『荧惑』。另外它的火红颜色也令人不安，故中西方都常把它看成是战争、死亡的象征。

宋景公便问百官有什么办法。文武官员面面相觑，谁都不敢说，因为荧惑守心常常标志着君王遇祸、宫廷遭灾，怎么开口向国王解释呢？

散朝之后，大臣中最聪明的子韦来到宫中求见景公。景公召见了他，子韦对景公说道：『荧惑守心确实是最不祥的星象，主君王大祸。但是，大王可以通过祷告驱禳的办法，把这个灾祸转移到宰相的身上。』

景公说：『这怎么使得？宰相是助我治国的人，我若移祸给他，岂不惹天下人耻笑？』

子韦说：『还有个办法，大王可于今日午时三刻登上灵台祭天，将灾祸转移给百姓。』

景公不高兴地说：『人民都死了，我还做什么国君？』

子韦又想了想，说：『那就别转给人了，转成今年年成不好，也能过这一关。』

景公不高兴地说：『年成不好，必有饥荒，人民会挨饿。为了自己而坑害百姓，这算什么君王？老子说：受国不祥，方为天下王。这是我的命，我自己承担吧！不用你出这些馊主意了。』

子韦一听非常高兴，退了几步，率众大臣一齐向景公礼拜说：『恭贺国君，您有这种心愿，宁愿自己受难也不把灾难嫁祸给臣民和百姓的德行，一定会感动上天，老天爷虽处九天之上，但耳朵却可以听到很低地方发出的声音，您有与国君美德相符的三句话，上天必然能使您避免灾祸，而且您一定还会延寿。』

果然，这一天真的非常顺利，什么事也没发生，到了晚上，太史官陪着景公和子韦再观察天象，发现火星已经离开了心宿。

子韦对景公说：『荧惑一晚上就走了三舍，这是上帝赏您三次，您可延寿二十一年。』

虽然宋景公为人仁慈爱民，而且勇于承担自己的责任，但是却失之懦弱，也正是这种性格，为宋国带来了不小的麻烦。

当时宋景公有一个宠信的弄臣叫向魋，两人关系十分亲密，景公对他有求必应。宋景公的公子地有四匹白马，向魋想要这四匹马。宋景公把马牵来，在马尾、马鬣上涂上红颜色给了向魋。

公子地听说以后十分生气，派手下人打了向魋一顿，并且夺回了马匹。向魋害怕，准备逃走，宋景公关上门对向魋哭泣，眼睛都哭肿了。宋景公的同母兄弟辰对公子地说：『您看不起魋，这也是不公平的。您平日对国君有礼，现在却得罪他，如果您做出出国待罪的表示，国君必挽留您。』

公子地于是就准备逃亡陈国，但宋景公没有挽留他。公子辰为他请求，宋景公不听。公子辰说：『这是我欺骗了我哥哥。我领着国内的人们出国，国君和谁处在一起？』冬季，宋景公同母兄弟辰和仲佗也逃亡到陈国。

第二年春季，他们进入萧地而叛变。秋季，乐大心跟着叛变，大大地成为宋国的祸患。史家评论这件事说，这场动荡完全是由于宋景公宠信向魋的缘故。

【品读】

宋景公不愿意把灾祸转移给宰相和人民，更不愿意转移到收成上，可以说宋景公是一个非常有勇气承当的领导人，但是，即使是再完美的品格也会出现裂痕，宋景公宠幸向魋，给国家埋下了祸端，这就是鬼谷子所说的『抵巇』，作为一个领导人，要时刻防微杜渐，警惕自己的言行，以防这种裂痕出现。

七、亡国的齐湣王

齐湣王继位后，开放言路，广采博取，虚心听取意见，继承和发扬了尊贤尚功的传统，使齐国实力大增。后来，齐湣王率领齐军在南方打败楚军，在西面又战胜了晋国，帮助赵国消灭了中山国，打败了宋国，扩地千余里，诸侯各国在强大的齐国面前，都不得不表示臣服，一时间，齐国威震海内，成为最有希望统一全国的头号强国。

然而，随着齐国军事上的胜利，齐湣王开始野心膨胀，刚愎自用，骄矜自满，喜欢阿谀奉承，听不得半句相反的意见。他倚仗国力强盛，一心要废天子，灭诸侯，自己称帝。为此，他不顾一切地向百姓增捐派税，搜刮民财，强征夫役，修建华丽的王宫，大肆扩充军队，无故侵犯邻国，搞得国内民怨沸腾。

有的大臣看不过，直言相谏，忠义之士被他杀的杀，贬的贬，一时间弄得齐国上下人心惶惶，最后，齐湣王身边只剩下阿谀奉承的小人了。

大臣狐援见此情景，劝说齐湣王道：『殷朝的大鼎陈列在周朝的朝堂上，殷朝的祭祀的神社被周朝的人用屏障给盖起来，殷朝的宫廷音乐在周朝下民的耳边回响。这是为什么呢？因为已经灭亡了的王朝的音乐，是不可以放在宗庙里弹奏的，已经灭亡了的王朝的神社不能重见天日，已经灭亡了的国家的鼎放在朝堂上，是为了作为警戒。大王，您一定要注意啊，千万不要让齐国的大钟陈列到别国的朝堂之上，不要让姜太公的神社被别人盖起来，更不要让齐国的音乐在别国的民间来作为娱乐。』

齐湣王没有听从狐援的劝说，狐援就来到外面为国家哭了三天，唱了一首哀歌，道：『先逃出去的人，穿着葛草麻布，后逃出去的人，就怕跑不掉而要进监狱了。我现在看到百姓都成群结队地向东边逃走，却不知道他们要到哪里去安家落户。』

齐湣王问执法的官吏：『对于哭咒国家灭亡的人，法律规定怎么处置？』

执法官说：『对于这样的人是要斩首的。』

齐湣王命令执法官执行法律。执法官把行刑用的斧头架在东门的刑场上，可是却不忍心杀害狐援，想故意拖延时间放他逃走。

狐援听说以后，就跑到刑场上去见那位执法官。执法官着急地说：『对于哭咒国家灭亡的人，按法令规定是要斩首的。先生您是老糊涂了，怎么自己跑来受死呢？』

狐援对官吏说：『我像鲔鱼一样从南方来到东海之滨，然后就像鲵鱼一样伏居在这个地方。预感到国家的朝堂将长满野草，国都将变为废墟，殷朝时有比干，吴国有伍子胥，齐国则有我狐援。大王既然不用我的建议，而且要将我在刑场上斩首，那就是想成全我，把我的牌位跟比干和伍子胥放在一起，让后人来纪念啊！』

狐援终于被斩首。

由于无端地对别国挑起战争，惹起了各诸侯国的惊惧和怨恨。公元前284年，燕昭王命乐毅为上将军，同时把相印交予乐毅，率全国之兵，联合了赵、楚、韩、魏、燕五国之军兴师伐齐。

齐滑王起兵抵抗五国联军，在济水西岸决战。齐军惨败，主将韩聂阵亡。乐毅统率燕军乘胜追击，长驱直入，齐国各地望风披靡，势如破竹。半年之内，乐毅大军直逼齐都临淄。

齐国派触子为将，在济水边迎战各国诸侯的军队。按理说，在强大的敌人面前，大将触子在前线与敌人浴血奋战，作为君主应该亲自慰问将士，鼓舞士气的斗志，上下同心，共赴国难。可齐滑王却依然狂妄自大，肆意妄为，派使者到触子那里去，辱骂恐吓触子，并斥责他说：『如果不能取胜的话，我一定宰了你一家，挖掉你的祖坟！』

触子心理压力极大，感到很苦恼，硬着头皮跟各国诸侯的军队开战。可是齐军已经丧失了战胜敌人的勇气和信心，结果两军刚一交锋，触子就鸣金退却，诸侯军队乘胜追击，齐军一触即溃，全军覆没。触子坐上一辆车跑了，没有人知道他去了哪里，再也听不到他的消息。

齐滑王率残军逃回齐国都城临淄，乐毅让远道参战的各诸侯军队回国，然后自己亲率燕军直捣临淄，一举灭齐。

谋士剧辛认为燕军不能独立灭齐，反对长驱直入。乐毅则认为齐军精锐已失，国内纷乱，燕弱齐强形势已经逆转，坚持率燕军乘胜追击，一直追到齐国首都临淄。

燕军逼近临淄时，齐军另一位将领达子又率领残余部队驻扎在秦周，与敌人奋勇拼杀。为了激励部下拼死一战，就派人向齐湣王请求一笔金钱。应该说这个要求在特殊的形势下并不过分，更何况临淄的国库里还存有大量的黄金。可刚愎自用的湣王根本无视部下的正当要求，反而斥责达子无能，生气地说：『你们这些残兵败将，怎么能给你们金钱？』

齐军与燕军交战，达子抵敌不住，以身殉国，齐军被打得大败。燕国人追赶败逃的齐兵进入齐国国都，尽收齐国黄金、珍宝、财物、祭器运往燕国。燕昭王大为欣喜，亲自到济水犒赏、宴飨士兵，为酬谢乐毅的功劳，将昌国（在今山东省淄川县东南）城封给乐毅，号昌国君。

齐湣王率少数臣僚逃往莒城（今山东省莒县）固守。乐毅用连续进攻，分路出击的战法，陷城夺地，半年内连下齐国七十余城。齐国仅剩聊城、莒城、即墨三城仍顽强抵抗，久攻不下。

乐毅认为单靠武力，破其城而不能服其心，民心不服，就是全部占领了齐国，也无法巩固，所以他对莒城、即墨采取了围而不攻的方针，对已攻占的地区实行减赋税，废苛政，尊重当地风俗习惯，保护齐国的固有文化，优待地方名流等收服人心的政策，欲从根本上瓦解齐国。

湣王急忙派人向楚国求救，情愿割让淮北的土地。救兵久等不来，燕军攻势不减，那一群大臣也一个个作鸟兽散，没有一个人愿意顾及湣王的，齐湣王这次才感到恐慌，仓皇地跟着一个叫公玉丹的大臣逃了出来。可是，直到这个时候，齐湣王仍然不明白自己亡国的原因。

公玉丹驾着马车载着他逃亡到野外，湣王又渴又饿垂头丧气，公玉丹赶紧取过车里的食品袋，送上清酒、肉脯和干粮，让湣王吃喝。湣王感到奇怪，公玉哪来的这些食物呢？于是他在吃饱喝足后，便擦擦嘴问公玉丹：『你从哪里弄来的这些东西呢？』

公玉丹回答说：『我事先准备好的。』

湣王又问：『你为什么会事先做好这些准备呢？』

公玉丹回答说：『我是专替大王您做的准备，以便在逃亡的路上好充饥、解渴呀。』

湣王不高兴地又问：『你难道早就料到我会有逃亡的这一天吗？』

公玉丹回答说：『是的，我估计迟早会有这一天。』

湣王不满地说：『既然这样，为什么过去不早点告诉我？』

公玉丹说：『您只喜欢听奉承的话。如果是提意见的话，哪怕再有道理的话您也不爱听。我要给您提意见，您一定听不进去，说不定还会把我处死。要是那样，您今天便会连一个跟随的人也没有，更不用说谁来给您吃的喝的了。』

湣王听了，气愤至极，紫涨着脸指着公玉丹大声斥责。公玉丹见状，知道这个昏君真是无可救药，死到临头还不知悔改。于是连忙谢罪说：『大王息怒，是我说错了。』

两人都不说话，马车走了一程，湣王又开口问道：『我已流亡国外了，却不知道流亡的原因。你说，我到底为什么会亡国而逃呢？』

公玉丹这次只好改口说：『是因为大王您太仁慈贤明了。』

湣王很感兴趣地接着问：『为什么像我这样仁慈贤明的国君不能在家享受快乐，过安定的日子，却要逃亡在外呢？』

公玉丹说：『您之所以流亡国外，是因为您太贤明的缘故。其他所有的国君都不是好人，因而嫉妒憎恶大王您的贤明，于是他们互相勾结，合兵进攻大王。这就是大王您流亡的原因啊！』

湣王听了，一边坐靠在车前的横木上，一边自言自语说：『唉，难道贤明的君主就该如此受苦吗？』他头脑里一片昏沉，十分困乏地枕着公玉丹的腿睡着了。

这时，公玉丹总算是彻底看清了这个昏庸无能的国君，他觉得跟随这个人太不值得。于是他慢慢从湣王头下抽出自己的腿，换一个石头给他枕上，然后离开湣王，头也不回地走了。

齐湣王历尽千辛万苦，先后流亡到卫国、邹国、鲁国，可是刚愎自用的毛病至死不改，一个亡国之君还到处摆谱，结果几国都拒绝他入境避难，最后只好回到齐国境内的莒州，再派人去催请楚国的救兵。

楚国的顷襄王见齐国愿意割出淮北的土地，就派大将淖齿，统率二十万兵马，以救援齐国为名，去齐国接收土地。临行的时候，楚王告诉淖齿说：『齐王今天情势危急了才来求我，你到了那边，可以见机行事，只要对楚有利，你就自己做主好了。』

淖齿领兵来到莒州。齐湣王很是感激他，封他做相国，使军政大权全都掌握在淖齿手中。淖齿一方面见燕军威势盛大，害怕吃败仗，既得罪了燕国，又惹恼了楚王，另一方面心里怀着在齐国反客为主的打算，便暗中私通乐毅，表示愿意跟燕国瓜分齐国的土地，得到了乐毅的答允。

他风闻齐湣王开始厌恶自己，于是派人伪装成秦国使臣，面见齐湣王，从齐湣王嘴里套话，证实了自已的预感，齐湣王果然想借助秦国的力量除掉他。

淖齿是一个凶狠残忍的家伙，当他知道了齐湣王准备联合秦国消灭他的时候，就发动政变，抓住了齐湣王，把他以酷刑处死。

齐湣王所受的酷刑，恐怕是古来君王中最惨的一种了：淖齿命人将齐湣王的筋给活生生地抽出来，然后用他的筋当绳子，将齐湣王悬吊在宗庙的房梁上。

齐湣王在这种惨无人道的酷刑折磨之下，经过一夜就死了。齐国有位侍卫名叫王孙贾，跟随着齐湣王逃亡的时候，在卫国散失了。后来经过多方打听，知道齐湣王在莒州，王孙贾便赶路前往。等他赶到莒州的时候，齐湣王已经被淖齿杀掉了。王孙贾得到消息，非常愤怒，立即号召市民，宣誓起义，他叫道：『愿意跟我去杀掉淖齿的袒露右臂！』当场就有四百人响应。他们冲进淖齿的住所，把这个残忍的侵略者杀死了。楚军失去主将，一半投降，一半逃散了。

王孙贾找到了太子法章，立他为王，就是齐襄王。后来，燕昭王来了，燕国新王撤换了乐毅，改由骑劫做主帅。王孙贾趁这机会，会合了即墨城的齐国贵族田单，一起反攻，杀死了骑劫，收复失地，恢复了齐国。

【品读】

齐湣王从一个强国的霸主变成了到处流亡的亡国之君，最后被人用酷刑折磨至死，这前后变化如此之大，让人匪夷所思，究竟是什么使强大的齐国国势急转直下，到了亡国的边缘？我们可以从齐湣王的人生中找到答案。齐湣王前期的成功来自于他的自信以及对实力的崇拜，最后的败亡同样也来自于自信变成自骄自满、过于膨胀。这一点，从他前期的功业和后来他与公玉丹的一段对话就可以很清晰地反映出来。胜利是一把双刃剑。齐湣王的一切败亡，都是以吞宋为转折点，吞宋是他由胜转败的分水岭。齐湣王的失败，就在于没有把握好进攻的顶点。结果他战胜别人的次数越多，输给别人的机会就越大。当一个人的私欲极度膨胀的时候，是看不见自己的缺点和国家即将发生的灾难的，在处理重大的人事问题上轻视人才，虐待人才。国家出现了巨大的裂痕却又无人可以弥补，所以，灾难就产生了。

古语云『满招损，谦受益』，一个领导者要在任何时候都保持谦虚谨慎的作风，积极听取别人的合理意见，事业才能成功；否则，骄傲自大，专制蛮横，一定会把一个人、一个集团甚至一个国家引向毁灭的深渊。

八、商鞅之死

战国时，秦国的丞相公孙鞅因为他的封地在商，所以又叫做商鞅。当时，秦国与魏国接壤，秦孝公一直想夺取地势险要的黄河崤山一带。公孙鞅借机向秦孝公说：『眼下秦国与魏国，犹如一个人之腹与心，这心腹毗邻而居，非此即彼，不是我秦国兼并魏国，就是他魏国兼并我秦国。此前魏国与齐国打了一仗，魏军元气大伤。我们秦国若不趁此良机去兼并魏国，以后怕就没有这样的机会了！』

秦孝公说：『丞相所说极是，寡人就派你为将，率军去攻打魏国吧！』

公孙鞅大军直抵魏国吴城城下。这吴城原来曾经是魏国名将吴起苦心经营之地，地势险要，工事坚固，正面进攻恐怕很难奏效。

公孙鞅苦苦思索攻城之计。他探到魏国守将是公子卬，不由心中大喜。因为他在魏国时，与公子卬曾经有过一段很好的交情。

他马上修书一封，对公子卬说：『以前我们的交情那么好，虽然我们俩现在各为其主，但考虑到我们过去的交情，还是两国罢兵，订立和约为好。』他还建议约定时间会谈议和大事。此信送出后，公孙鞅还摆出主动撤兵的姿态，命令秦军前锋立即撤回。

公子卬看罢来信，又见秦军退兵，非常高兴，马上回信表示感谢。公子卬拔寨起营正要动身，忽然商鞅派人来说：『我们已经很久没有见面了，现在刚一见面又要分手，不如过来稍稍一坐，聊聊往事，也不枉认识一场。』

公子卬心中很是感动，于是约定了会面日期。到了那一天，他不顾部下竭力劝阻，带了三百名随从欣欣然前去赴约。公子卬到达约定地点，见商鞅带的随从更少，而且全部没带兵器，更加相信对方的诚意。

会面气氛十分融洽，两人重叙昔日友情，表达双方交好的诚意。商鞅还摆宴款待公子卬。公子卬兴冲冲入席，还未坐定，忽听一声号令，伏兵从四面包围过来，公子卬和三百随从反应不及，全部被擒。

公孙鞅利用被俘的随从，骗开吴城城门，占领了吴城。魏国只得割让西河一带，向秦求和。

公孙鞅无论是在内政还是外交上都为秦国作出了巨大的贡献，为秦国后来的日益强大打下了坚实的基础。

在公孙鞅的治理下，秦国越来越富强，周天子打发使者送祭肉来给秦孝公，封他为『方伯』（一方诸侯的首领），中原的诸侯国也纷纷向秦国道贺。魏国不得不割让河西的土地，把国都迁到大梁（今河南开封）。

然而，随着秦孝公死去，太子继位为秦惠王，风光一时的公孙鞅走到了穷途末路的境地。原来，在公孙鞅推行新法期间，都城里私下说新法不便的人数以千计。公孙鞅说：『胆敢说新法不便的人，处以割舌重刑！』随后当众割了几个人的舌头。这样一来，更没人敢说『新法』的坏话了，有些曾经暗暗说过新法不便的话的人，如今又众口一词地说新法如何如何好了。

公孙鞅听了以后，又说道：『正是这些刁民扰乱教化，过去说新法的坏话，现在又说新法的好话，这还得了，全部捉来充军！』于是，秦国都城内被充军到边疆去的数以千计。

公孙鞅这一折腾，太子有些看不惯，说：『新法如此峻厉，而又割人的口舌，真是不想让人活了。』商鞅听说太子公然敢说自己的坏话，就准备严加惩处。但是太子是未来的国君，怎么给以处置呢？公孙鞅有他的办法，他对秦孝公说：『国家的法令必须上下一律遵守。要是上头的人不能遵守，下面的人就不信任朝廷了。太子犯法，错在其师傅监教不力。因而，应当惩处太子的师傅！』

结果，公孙鞅不顾公子虔当日向秦孝公举荐自己的情分，把太子的两个师傅公子虔和公孙贾都问了罪，一个割掉了鼻子，一个在脸上刺了字。这样一来，太子和那些受过惩罚的贵族大臣一样，恨透了公孙鞅。

秦惠王继位后，闭门八年的公子虔出了门，要找公孙鞅报仇。他以公孙鞅向南自称『寡人』为依据，向秦惠王举报公孙鞅的谋反之心蓄谋已久。秦惠王立即下令缉捕公孙鞅。

公孙鞅携其母及其家人连夜仓皇逃亡，行至秦国边境关口函谷关下。他们想找个旅店投宿。走进一家旅店，店主人迎上前索要官方批准外出的证件，公孙鞅说自己没有。

店主人不知道他就是公孙鞅，说：『商君之法规定，如果容留没有证件的客人，店主要和客人连坐论罪。』

公孙鞅不得已走出旅店，喟然叹息曰：『唉！我实行新法的流弊，已然到了此种地步。真是可怕呀！』

公孙鞅一行辗转逃至魏国境内，投见魏国的大臣襄疵。襄疵拒不收留，公孙鞅见魏国没有容身之地，便想再投奔去他国。可是又有魏臣对公孙鞅昔日薄恩寡义骗杀公子卬的事情了如指掌，对公孙鞅恨入骨髓，说：『公孙鞅曾经有罪于魏国，不能让这家伙再逃了。而且商鞅是秦国要缉捕的罪犯，如不给送回去，恐怕对魏国不利。』

公孙鞅一行只好又回到秦国，这一次他没有四处逃跑，而是急速奔回自己的封地商邑，和他的门徒发动邑中兵士向北出击郑国，意图夺取一块安身之地。但这无异于以卵击石，秦惠文王听说后，迅速派兵，在郑国的渑池（今河南省渑池县）将公孙鞅擒获，并押解到陕西省华县西南的彤地，秦惠文王早已等候在那里。

秦惠文王声色俱厉地宣布剥夺了公孙鞅所有的封赏，下令给他以五牛分尸的处置，并警告臣下：『以后再不要有像公孙鞅这样的造反者！』随后，把公孙鞅全家都杀掉了。

【品读】

面对商鞅悲惨的结局，后世很多人都扼腕流涕。太史公曾经从商鞅的个人品质上加以评论，他说：商鞅天性就是个残忍少恩的人，考察他当初用帝王之道游说孝公，凭借着虚饰浮说，不是他自身的资质。再说凭靠着国君宠臣太监的推荐，等到他得到任用，就刑罚公子虔，欺骗魏将公子卬，不听赵良的规劝，足以证明商鞅残忍少恩了。一个没有信义的人，自身出现了危险尚且浑然不觉，不能时刻警示自己不要犯错误，当灾难降临的时候，又盲目地发动叛乱，所以他的下场只能说是咎由自取。

九、先灭陈再复陈

春秋时代，陈国是一个很小的诸侯国，位于今天河南省东部淮阳县和安徽省西北一带，陈国在大国的夹缝中艰难地生存着。正是因为陈国的弱小，才经历了一场起伏跌宕的亡国、复国的悲喜剧。

原来，陈国有一个面貌丑陋的使节，这个使节名叫敦洽雠糜，尽管他生得丑陋，但是陈侯见了他以后却十分喜欢，让他负责办理陈国的外交事务，对内让他管理自己的饮食起居。

在楚庄王举行盟会时，陈侯有病不能前往，于是，就派了敦洽雠糜去向楚庄王表示自己的歉意。楚庄王觉得陈国这个使臣的名字非常奇怪，于是，就最先接见了他，当敦洽雠糜进去以后，楚庄王一见到他那丑陋的模样，感觉非常恶心，一听他的名字，又加重了他对敦洽雠糜的厌恶；一听他说话的声音，就更加气不打一处来。

楚庄王气愤之余，马上会合众大夫，对大家说：『陈侯如果不知道派这样丑陋的人做使臣是不合适的，那就是陈侯不明智；如果明明知道他不可以出使，却硬派他出使，这就是有意侮辱我们这些诸侯，这样的狂妄之徒，不可不攻伐。』

就在楚庄王筹划伐陈的时候，陈国内部发生了叛乱，陈侯被执掌兵权的司马夏征舒杀了。原来，郑穆公有一个女儿嫁给了陈国司马夏御叔，所以叫夏姬。二人生下一个儿子夏征舒。

夏征舒十二岁的时候，夏御叔病死了，夏姬成了寡妇。这时的夏姬，虽然年近四十，但是生得蛾眉凤眼，风姿绰约，陈灵公是个荒淫无道的家伙，和自己手下的大夫孔宁、仪行父两个色狼一起先后与夏姬勾搭成奸，后来，干脆三人串通一气，与夏姬同欢同乐。

夏家住在株林，陈灵公就经常到株林去鬼混。老百姓见国君行为放荡，很是不满，于是就编了一首民歌来讽刺陈灵公，诗中说：『胡为乎株林？从夏南！匪适株林，从夏南！』后来这首民歌还被收入到《诗经·陈风》中。

夏征舒十八岁的时候，已经长成了一位英俊的少年，陈灵公为了讨好夏姬，让征舒当了司马，执掌兵权。有一天，孔宁和仪行父陪同陈灵公在夏姬家里聊天，陈灵公对仪行父说：『征舒身材魁伟，有些像你，是不是你的儿子？』

仪行父谄媚地笑着说：『征舒两目炯炯，很像主公，还是主公的种儿。』

孔宁插嘴说：『主公与仪大夫年纪小，生不出来。他的爸爸很多，是个杂种！』说完这句话，三个人拍掌大笑。

夏征舒听到这些话，忍无可忍，带人冲了进来，陈灵公一见，顿时慌了神，急忙掀翻了案子，往马厩那边跑，结果被埋伏在马厩那里的伏兵用箭射死。孔宁和仪行父两个人从狗洞里钻出来，仓皇地逃往楚国。

夏征舒杀了陈灵公，就通告说：『陈灵公酒后急病归天。』然后和大臣们立太子午为新君，就是陈成公。

楚庄王听说陈国内乱，很想借这个机会吞并陈国。楚国大夫屈巫是个贪色之徒，数年前曾经出使过陈国，他曾看见过夏姬，自从见过之后，夏姬的容貌一直在脑海中晃动，念念不忘。现在一听说陈国内乱，就打算『浑水摸鱼』，积极鼓动楚庄王去征伐陈国。

庄王于是就向陈国派出了侦察人员，几天后，派出的探子回来报告说：『陈国的城墙很高，护城河很深，仓库里蓄积的粮食和财物很多。恐怕一时不好进攻。』

但是，大夫宁国却提出了不同的看法，他分析说：『如果是这样，陈国倒是可以进攻的。』大家很奇怪，都问这是为什么？宁国不慌不忙地回答说：『因为陈国只是一个小国，蓄积粮食财物却很多，说明税负繁重，人民多怨。城墙高，城河深，证明他的民力凋敝，正好可以利用这个机会。』

令尹孙叔敖很欣赏宁国的逆向思维，急忙帮腔说：『帮助邻国平定内乱，是霸主的职责。』于是，楚庄王就率领大军打到陈国去。

这时候，陈成公到晋国去还没回来，大臣们一向害怕楚国，不敢正面迎敌，只好把一切罪名全都推在夏征舒身上，打开城门，迎接楚军。

随后，楚庄王查明陈国的地界和户口，把陈国灭了，改为楚国的一个县。一切安排好了，楚庄王就回郢都了。大臣们都来朝贺，南方的属国和许多小部族也都争先恐后地到郢都来进贡道喜。

这时，出使齐国的大夫申叔时回来了。他向楚庄王报告了出使的情况后，什么也不说，转身就走。

楚庄王很不高兴，责问他说：『陈国的夏征舒杀死国君作乱，罪大恶极，是我主持公道，惩处了他。诸侯都庆贺我做得对，为什么你却对这件事置若罔闻？』

申叔时说：『我还可以有申辩的机会吗？』

楚庄王说：『当然有啊。』

于是，申叔时说了一番很耐人回味的话，他说：『夏征舒杀了他的国君，确实罪行很大；出兵处死了他，您也确实主持了正义。假使有人判案，只因有个人牵着牛踩坏了别人田里的庄稼，就没收了他的牛，这样做是对的吗？牵牛踩坏了人家的田，当然有过错，但是，却因此没收了他的牛，处罚就太重了。诸侯拥护您，是因为您讨伐有罪的人。现在您把陈国并吞而成为一个县，却是由正义而变成了贪婪。用讨伐罪人的名义取得诸侯的拥护，然后趁机侵占别国的土地，归自己所有，恐怕将来名声不会太好吧？」

庄王问陈国大夫辕颇：「陈侯现在在哪里？」

辕颇说：「还在晋国。」庄王说：「我恢复你们的国家，你们快去把陈侯接回来做国君，世世代代归附楚国，不要辜负了我的一片好心。」

然后，又对孔宁和仪行父说：「你们回去好好扶助陈侯。」

恢复陈国后，中原诸侯个个都佩服楚庄王的道义精神。陈国君臣和老百姓十分感激，于是，都死心塌地地做了楚国的附属国。

【品读】

陈国因为派出的使臣丑陋，差一点引来灭国之祸，这其中固然有楚国一直觊觎陈国的原因，但是，我们如果再把陈灵公和自己的两位大臣狼狈为奸的事情连在一起分析，就可以看出这个国家一定会出现危机，即使不是楚国觊觎陈国，像这样的国家也一定会被其他强邻所兼并。

陈国灭亡的主要原因从表面上看是由于夏征舒弑君，但是更深的原因却在于陈侯在用人上的荒唐与昏庸。陈侯在几件事上都可以让人们得出这样的结论：那就是一切都以个人的情感好恶为准则，根本没有对品行和人才的基本考察和辨别。而这一切又因为他本身就是一个道德败坏的国君，在这样一个被女色迷昏了头的昏君的治理之下，国家出现裂痕是非常正常的。

陈侯为了勾搭夏姬，而重用夏姬的其他两位情人——孔宁和仪行父，又为了讨好夏姬，把国家的兵权交给夏征舒，最终导致国家的衰落和混乱，关键是，就在国家出现巇隙的时候，身边并无诤臣，所以国家的裂痕只能是越来越大，最后，不仅害了自己，也丧失了先祖传下来的江山。陈侯的教训，足以历千年而不朽。

一〇、智伯巧攻仇繇国

春秋时期，在中山国的附近有一个很小的名叫仇繇的小国，这个地方物产丰饶，晋大夫智伯早就对它的物产垂涎三尺，想把这块肥沃的土地吞并为己所有。

但是，由于晋国智伯的领地与这个小国之间隔着高山深谷，军队无法开入这里，因此，智伯一直未能实现他的想法。

后来，智伯思来想去，终于想出一个可以达到目的的好方法，智伯首先在今定襄县城东南下五里的开门峪集结重兵，然后以给仇繇国赠送大钟为借口，以便突破白狄人，也就是仇繇人的第一道防线，而后东下太行山，直插中山国腹地，最后达到吞并仇繇全部疆土的目的。

智伯派使者带着一份厚礼去仇繇拜见君王，来到仇繇国君面前，使者躬身禀奏：『大王，晋国深知贵国在您的治理之下，万民安居乐业，且又与晋国相交甚密，为此，我们特地用两年时间制作了一口大铁钟，重三万斤，上刻周鼎花纹，并铭刻大王您的功绩。我们需把它送给大王，并且帮助贵国修一座钟楼，将它安置其中，鸣钟振釜，金声玉振，声落九天，惊云逐月，大有五音韵律之威。』

仇繇国君听了晋国使臣的话，不禁喜出望外，急忙命令属下说：『来人，快为晋国使者设国宴接风洗尘。』

这时，仇繇国官员队伍中走出一位大臣，他就是在群臣中享有很高威望的赤章蔓枝。他上前进谏说：『《诗经》说：「要依法治国」，咱们有什么理由接受智伯的东西呢？大家都知道，智伯的为人一向贪得无厌，不讲信义！他肯定是在想攻打我们却又没有办法的情况下，故意造个大钟，用两辆车拉着送给大王您，您可千万别上他的当。您若是真的逢山开路、遇水架桥的话，智伯的军队肯定会随后就到，到那时，您想后悔都来不及了。』

仇繇国君站起来打断了赤章蔓枝的话，他说：『这口大钟一定会成为仇繇国的镇国之宝，一定会给我们的国家带来福音，我们可不能错过机会呀。』

赤章蔓枝听了国君的话，非常愤怒，走上前去推开了晋国的使臣，然后，又对国君直言相谏道：『大王，万万不可贪图小利啊！』仇繇国君厉声申斥道：『这是大国的行为，胸怀博大，你不但不知感恩，反而出言不逊，疑心重重，我意已定，你不要再多嘴了！』

赤章蔓枝说：『做别人的臣子不忠心耿耿，那罪过是不可饶恕的，但如果忠诚的谏言不被国君采纳，那就罪过不在臣下，看来，我只有离开，没有别的选择了！』说罢，赤章蔓枝就驾车投奔卫国去了。

赤章蔓枝走后，仇繇国君并没有改变他的主张，而是马上派出大队人马，逢山开路，遇水架桥，为了迎接这口大钟，倾全国之力，修好了一条可以让两辆车并行的大道，以最高的礼仪规格迎接大钟。

智伯见仇繇国君已经把路修好，他便大摇大摆地带领车队来送大钟。载送大钟的队伍沿滹沱河顺河东下，然后又通过当年的仇繇关，直抵仇繇国都。

仇繇国君听说了这个消息，喜出望外，亲自前去迎接，他坐在车上远眺，看到一队人马缓缓推着大钟走了过来。他远远看见那口气势恢宏的大钟，可谓是他生平第一次看到。可是，还没等仇繇国君看清楚这口钟上精美的花纹，只见这口大钟从中间分开两半，从钟里一下子钻出了几百名士兵。领头的士兵将手中的小旗一晃，四面八方一下子拥出数万大军。

仇繇国君顿时傻了眼，仇繇国军民还都蒙在鼓里，完全没有做任何战斗准备，与晋军一接触，很快就全军覆没，城门也被攻破。

仇繇国君非常后悔自己没有听赤章蔓枝的忠告，他只好带着几十名残兵跑到大山上，自刎而死。

仇繇就这样被智伯所灭。国被灭后，全部国土归于晋国。仇繇国人把智伯所赠的这口大钟看作是奇耻大辱的证明，大家都不愿再目睹亡国的物证，于是，就将这口钟埋藏在西城郊外。

【品读】

仇繇国君爱贪小便宜，竟然因小失大，为了迎接一口大钟，葬送了自己的国家。更令人可叹的是，晋国智伯的诡计也并不高明，早被仇繇国的大臣赤章蔓枝看破，赤章蔓枝已经向仇繇国君说透了其中的阴谋，而他仍执迷不悟，一意孤行，以至于身败名裂，自刎而死。从这里我们可以看出，一个国家也许并不缺少可以『抵巇』的忠言直谏之臣，但是更需要有一个肯于接受别人意见的国君。在我们的生活中，有很多这样的人，因为一点蝇头小利而丧失自己的立场，最后导致全盘皆输。所以说，仇繇国君爱贪小便宜的故事非常值得后人引以为戒。

一一、子产在郑国为相

子产名叫公孙侨，是春秋时郑国的大夫，他曾经当过多年国相，执掌郑国政权。

在当时，郑国的普通民众有一个习惯，经常到乡校休闲聚会，议论执政者施政措施的好坏。当时一个善于拍马的郑国大夫然明听到人们在乡校里说子产的坏话，就跑去对子产描述了一番，然后说：『我们把乡校关了，您认为怎么样？』

子产十分奇怪地问：『为什么关掉？人们早晚干完活儿回来到这里聚一下，议论一下施政措施的好坏。对他们有利的我们就推行，他们讨厌的我们就改正一下，他们是我们的老师。为什么要关掉乡校呢？我听说，尽力做好事以减少怨恨，没听说过依权仗势来防止怨恨的。难道很快制止这些议论不容易吗？然而那样做就像堵塞河流一样：河水大决口造成的损害，伤害的人必然很多，我是挽救不了的；不如开个小口导流，我们听取这些议论后把它当作治病的良药。』

然明听了子产的话以后，十分惭愧地说：『我从现在起才知道您确实可以成大事，小人确实没有才能。如果真的没有你，恐怕郑国真的就失去了依靠，对我们这些臣子又有什么好处呢？』

在外交上，子产也有自己的一套办法，善于周旋，不失原则，在霸主政治的环境中通过平衡外交，得以使郑国在夹缝中艰难地生存下来，为国家赢得了较长一段和平发展时期。

子产，春秋时期郑国政治家当时，郑国是夹在晋、楚两大国之间的小国，成为两国必争之地，子产在力量对比极为悬殊的外交对阵中，明智地选择了『周旋战略』，把以往的『朝晋暮楚』政策调整为『从晋和楚』路线，利用晋楚两国势均力敌而又各自陷入内争的有利形势，执礼相抗，巧于周旋。

公元前542年，也就是子产当上宰相的第二年，他随郑简公到晋国访问。当时，正遇上鲁襄公逝世，晋平公有意怠慢弱小的郑国，借口为鲁国国丧致哀，没有立刻会见郑简公。

郑简公与子产一行只好住下来等待。日子一天天过去了，子产明明知道，这是晋国国君有意怠慢郑国，如果这样毫无指望地等待下去也不是办法。子产想出了一条妙计，他命令随行的人员，把晋国宾馆的围墙拆掉，然后将一行人的车马都赶进院子里，安放物品。

晋平公得知这一消息，吃了一惊，派担任晋国礼宾官的大夫士文伯到宾馆责问子产。士文伯说：『我国是诸侯的盟主，来朝聘的诸侯官员很多。为了防止盗贼，保障来宾安全，特意修建了这所宾馆，筑起厚厚的围墙。现在你们把围墙拆了，其他诸侯来宾的安全怎么办呢？我国国君想知道你们拆围墙的意图是什么。』

子产坦然地回答说：『我们应贵国的邀请，准备了厚礼，来这儿拜谒贵国国君，可是，你们说贵国国君既不来接见，又不订个约见的日期，我们带来的礼物只好听任风吹雨打，眼看就都要腐烂了。我听说，过去晋文公做盟主的时候，自己住的宫室很是简陋，接待诸侯的宾馆却非常华丽。宾客到达的时候，样样事情有人照应，能很快献上礼品。他和宾客休戚与共，宾客来到这里就像回到自己家里一样。现在呢？贵国国君住在豪华壮丽的宫舍中，给外宾住的馆舍却非常简陋，窄小到车马都不能进来，我们住在这种差劲透顶的地方，又不能确定约见日期，为了保护这些礼物不被风吹雨淋，我们只好毁掉土墙，把它们拖进来。贵国国君正为鲁君服丧，敝国何尝不是如此呢？只要贵国收下这些礼物，我们就马上修好土墙，打道回国，还请阁下将我们的心意传达上去。』

士文伯把情况报告了晋平公，宰相赵文子说：『子产说得不错，让外宾住在那种大杂院似的地方，着实有伤国家颜面。』他通过士文伯向子产致歉，晋君也连忙召见郑简公，隆重款待后，送他们回国，然后下令重建迎宾馆。

【品读】

子产利用自己的机智，通过拆掉宾馆的围墙的方式，向晋国表示了自己的抗议，最后经过一番据理力争的言辞，迫使强大的晋国国君向郑简公道歉。子产这种与强国周旋、据理力争的智慧的确令人称道。子产对内实行土地改革，增强国力，对外实行巧妙周旋的外交政策，使得夹在两个强国之间的郑国得以生存，子产当之无愧地可以称为郑国的『抵巇』之良臣。

一二、知人善论的史起

春秋时代的魏国，有一次，魏襄王举办了一个盛大的宴会，宴请群臣。魏襄王喝酒喝到兴奋时，举起杯对群臣祝福道：『寡人希望诸大臣都能万事如意，心想事成。』

史起乘着酒兴对魏襄王说：『大王，诸位臣子中，既有君子，也有小人，君子得志，当然会报效国家；如果小人得志，就会危害人民，您这样说可万万不行啊！』

魏王说：『如果大家做臣子都和西门豹一样那就好了。』

史起说：『魏国其他地方井田都是以一百亩为单位划分，西门豹的辖区邺地却以二百亩为单位划分，这是为什么呢？是因为缺水的原因。而漳水就在他的旁边，而西门豹却不知道利用，这是他不够聪明；假如知道这件事可行，却因为实施起来有困难，就产生畏难心理，不向上报告，这叫不忠。无论是不聪明还是不忠诚，都是不可效法的。』

魏王被史起说得哑口无言。第二天，魏王召见史起，问他：『漳水真的可以浇灌邺地的农田吗？』

史起说：『当然可以。』

魏王说：『那你为什么不替我去做这件事呢？』

史起说：『我是怕你不能对我始终如一地保持信任。』

魏王说：『只要你真能替我办好这件事，你放心，我会全听你的！』

于是史起就答应了。同时又对魏王说：『我做这件事，百姓肯定会说，我这样做是劳民伤财，也会因此而怨恨我，也许还会出现更严重的情况，您也可能会在盛怒之下，甚至有可能会杀死我。但是无论怎样，就算我死了，大王您也一定要派人继续完成这件事。』

魏王说：『你放心，我一定按你说的办。』于是按照前约，就任命史起为邺地的行政长官。

【品读】

史起与魏王的对话中，表现出一个贤臣的沉稳与机智，当魏王提出群臣当以西门豹为榜样的时候，他客观地指出了西门豹的不足，当魏王准备任命他去治理邺地的时候，他对自己将来有可能面临的困境，以及自己有可能会遇到的危险都在事前一一说明，表明了他的睿智与从容，同时也表现了魏王这位从谏如流能够知人善用的领导者风范。

一三、由斗鸡引起的变乱

在鲁国的历史上，有一次著名的内乱，被称为『斗鸡之变』。当时，鲁国公室衰微，世卿专权，国家的政权掌握在季氏的手中。为此，鲁昭公想要回复自己的权力，于是，他想方设法地准备铲除季平子。

这一年夏天，季平子和郈昭伯发生了斗鸡的纠纷，在两家斗鸡的时候，开始是季家在自己家鸡的翅膀上加了芥末，所以郈家的鸡无论多么雄壮，全都被季家的斗鸡弄瞎了眼睛，经过连连失败之后，郈家终于发现了这一秘密。于是他们决定报复，在自己家的鸡爪上装了一个非常锋利的小铜钩，由于郈家的鸡爪上有了锋利的铜钩，于是立刻反败为胜，季家的鸡又都被郈家的鸡抓瞎了眼睛，最后季家以失败而告终。

在祭祀的当天下午，他们两家的鸡又进行了一次比赛，季家这一次发现了郈家的秘密。原来自己的鸡并非实力不敌，而是因为郈家的鸡爪上装有铜钩。因此，两家的矛盾顿时激化，季平子决心报复。季平子准备在第二天早朝借昭公之手，当着文武百官的面杀死郈昭伯，以泄心头之恨。可是，他万万没有料到，就在这天深夜，郈昭伯联合臧昭伯和鲁昭公，三家合兵包围了季宅。

鲁昭公想到多年来受到的屈辱，恨不能马上除掉季平子，食其肉，寝其皮。而『三桓』中的另两家——孟孙氏和叔孙氏，对于季平子平时专权霸道，恃强凌弱早就不满，故而按兵不动，坐山观虎斗。

郈昭伯清楚地看到了这一点，他将军队交给鲁昭公指挥，然后自己去游说孟、叔两家。

郈昭伯想，三家合兵围攻季氏，只要稳住孟、叔二氏，定然稳操胜券，所以尽管战场上激战厮杀，他却在与孟懿子饮酒聊天。

事实果然像郈昭伯所料定的那样，季平子毫无防范，寡不敌众，眼看成了瓮中之鳖，即刻就将束手就擒。

而就在此千钧一发之际，叔孙氏接受家臣建议，来到孟孙氏家中，对孟懿子说：『我等与季氏同为上卿，三分公室。三足鼎立，三家俱存；一荣俱荣，一损俱损。』

孟懿子同意这一观点，四下看了几眼，然后猛然挥剑，将郈昭伯斩为两段，发兵救援季平子。

孟懿子的援兵一到，就向鲁昭公的部队抛下了郈昭伯的首级，大家见郈昭伯已经被杀，顿时军心涣散，围兵四散逃命。鲁昭公成了孤家寡人，只好逃命到齐国去了。

【品读】

鲁国在春秋末期，大权旁落，季氏、孟氏和叔孙氏三卿，三分公室，在这种情况下，鲁昭公急于夺回政权，但是他却没有对自己的处境有一个清醒的认识。他寻求的合作对象是郈昭伯，而郈昭伯与季平子的矛盾不过是因为一场斗鸡而产生。国家没有可以力挽狂澜的重臣，而鲁昭公所倚重的郈昭伯也不过是一个斗鸡走狗之徒，他们的联盟本来就缺统一性，所以在郈昭伯被杀之后，联盟立刻作鸟兽散，这种失败，与鲁昭公用人不当，行动没有统一的部署有直接的关系。

本章释评

鬼谷子第四章说的是一种自然规律，天地之间存在着一种不能变更的自然法则，事物的发展都按照这个规律在运行，有的距离很近却看不见，有的距离很远却能知其然；有些事情不能孤立、简单地看一种表面的现象，很多事需要相互对照来考察。所谓『巇』就是出现了裂痕，当裂痕出现之前，常有预兆，那些以天下为己任的人，能够努力地将国家即将出现的裂痕弥补起来，不再扩大，不要给人民带来灾难，鬼谷子认为，这就是圣贤之人的使命。

第五章　飞①钳②第五

【阅读提示】

一、本章说的是如何从不同的角度控制对方，首先，从君主的角度讲如何运用飞钳之术对待人才。讲如何用语言、重累等种种方法，试探人们的真实思想，进一步如何加以控制，包括利用财物、利用形势以及抓住对方的弱点等。

二、从游说之士的角度讲如何运用飞钳之术说服君主，讲如何了解全国的情况与君主的个人气质，来取得他的信任。

三、从游说之士如何对待普通人的角度讨论飞钳之术，强调了如何周密地了解对方、紧紧抓住对方，并加以利用和控制。总之，全面了解对方是飞钳之术的关键。

凡度权③量能，所以征远来近。立势而制事④，必先察同异之计，别是非之语，见内外之辞⑤，知有无之术⑥；决安危之计，定亲疏之事⑦。然后乃权量⑧之。其有隐括⑨，乃可征，乃可求，乃可用。引钩钳之辞⑩，飞而钳之。钩钳之语，其说辞也，乍同乍异⑪。其不可善者⑫，或先征之，而后重累⑬；或先重以累，而后毁之；或以重累为毁，或以毁为重累⑭。其用⑮或积财货、琦玮⑯、珠玉、璧帛、采邑⑰以事之⑱，或量能立势以钩之，或伺候见涧而钩之，其事用抵巇。将欲用之于天下⑲，必度权量能，见天时之盛衰，制⑳地形之广狭，岨险之难易，人民、货财之多少，诸侯之交，孰亲孰疏，孰爱孰憎，心意之虑怀，审其意㉑，知其所好恶，乃就说其所重㉒，以飞钳之辞钩其所好，以钳求之。用之于人，则量智能、权材力㉓、料气势㉔，为之枢机㉕，以迎之、随之，以钳和之，以意宜之，此飞钳之缀㉖也。用于人，则空往㉗而实来㉘，缀而不失，以究其辞。可钳而纵，可钳而横；可引而东，可引而西；可引而南，可引而北；可引而反，可引而覆。虽覆能复，不失其度。

①飞：是扬的意思，夸奖对方使其放心发表言论。

②钳：牵制束缚，控制的意思。

③权：权衡，指人的计谋。

④立势而制事：确立能够控制局面的地位与形势，制定有关的措施，把事情导向成功。

⑤内外之辞：内是实质，外是表面，也就是所说事情的反正两个方面。

⑥有无之术：探讨有无的术数。

⑦亲疏之事：或亲密或疏远。

⑧权量：计量长短轻重。

⑨隐括：隐情，说不清的地方。

⑩引钩钳之辞：钩是弯曲金属所做的钩针，比喻诱使他人言论归顺己方。

⑪其说辞也，乍同乍异：钩钳之语，对于对方的言论，本着『有时同意，有时反对』的原则进行。

⑫不可善者：即使运用飞钳之法也不能改变的人或事物。

⑬重累：同重叠，反复考验，重复积累，诱导对方暴露真实情况。

⑭以毁为重累：反复考验，使对方暴露出缺点。把销毁作为考验的方法。

⑮其用：准备要采用时。

⑯琦玮：珍贵的宝玉。

⑰采邑：封地。

⑱事之：对待他。

⑲用之于天下：把飞钳之术推广到全天下。

⑳制：知，知道的意思。

㉑心意之虑怀，审其意：详细知道思虑和希望等。

㉒说其所重：游说其所尊重的。

㉓材力：材同才，指才干。

㉔气势：气和势都是指势，是表现思想的力量。

㉕枢机：转动门户的轴叫枢，启动发射的装置叫机，是事物的关键。

㉖飞钳之缀：飞钳之术的秘诀。

㉗空往：仅仅用语言赞美、歌颂。

㉘实来：使对方打开心扉，拿出真情来归服己方。

【译文】

通常考核人的谋略和测量人的能力，都是为了吸引远近的人才，使他们前来投奔。建立制度，管理事务，一定要先考察相同与不同，区别语言的是非，观察言辞的表面与事情的真伪，知道是否具备某方面的能力。确定有关安危的计策，确定或亲近或疏远的关系之后，权衡其才能的长短和轻重。其中有需要取长补短的，需要时可以征召、可以获取、可以使用。运用言辞中钩钳之术，引诱他人言论归顺自己一方，或者以激昂言论引诱对方从而控制对方达到自己的目的。

钩钳之语是一种游说之辞，其特点是忽同忽异。对于那些没法控制的对手，或者先对他们威逼利诱，然后再对他们反复试探；或者先对他们反复试探，然后再摧毁他们；或者在反复考验中，毁灭对方，或者把摧毁对方作为反复考验。想要重用某些人时，可先赏赐财物、珠宝、玉石、白璧和封地，以便对他们进行试探；或者通过衡量其才能创造气氛，来吸引他们；或者通过寻找机会来控制对方，在这个过程中要运用抵巇之术。

要把『飞钳』之术向天下推行，必须考核人的权谋和才干，观察天地的盛衰，掌握地形的宽窄和山川险阻的难易，以及人民财富的多少，诸侯间交往中谁与谁亲密，谁与谁疏远，谁与谁友好，谁与谁相交恶。要详细考察对方的愿望和想法，了解他们的好恶，然后针对对方所重视的问题游说他，先用『飞』的方法诱出对方爱好在什么地方，最后再用『钳』的方法控制住对方。

如果把『飞钳』之术用于他人，就要揣摩对方的智慧和才能，度量对方的实力，估计对方的士气，然后以此为突破口与对方周旋，进而争取以『飞钳』之术达成妥协，有意识地适应对方。这就是『飞钳』的秘诀。

如果把『飞钳』之术用于外交方面，可以用华美的言辞套出对方的实情，保持联系，勿使失误，以便考究游说的辞令。这样就可以把握关键，既可以实现合纵，也可以实现连横；既可以引而向东，也可以引而向西；既可以引而向南，也可以引而向北；既可以引而返还，也可以引而复去。虽然如此，还是要小心谨慎，且不可丧失其节度。

鬼谷智囊

一、巧设毒计害美人

郑袖是战国时期非常有名的美女，战国时代楚怀王的宠妃。郑袖性聪慧，美貌而忌妒。

魏国为了讨好楚国，送来了一个美女。美女肌肤如玉，喜新厌旧的楚怀王从此专宠魏美人，不知不觉便冷落了郑袖。楚怀王的夫人郑袖非常生气，因为，她也曾被楚怀王宠爱多年。还有传言说，美女对怀王说想当夫人，郑袖担心自己的位置会被美女所取代。

郑袖心里这样想，但表面仍装出一副若无其事的样子。她是一个心机深沉的女人。早在屈原提出一系列改革新主张时，引起以她为首的旧贵族势力的一片恐慌，她就恶语中伤屈原，怀王经不住她的调唆，一气之下，将屈原流放。还有，楚怀王十六年，秦相张仪入楚，用重金贿赂了郑袖，怂恿怀王断绝和齐国的外交关系。郑袖也做到了，从此以后，楚、齐关系破裂，六国联盟瓦解。

郑袖暗自下定决心，要除去魏美人这个隐患。但是，郑袖非但没有难为美人，反而对她比以前还要好。

郑袖就常常挽着魏美人的手，嘘寒问暖，和美人说知心话，给美人送好穿的、好吃的。就连房间里的摆设，也都送的是美人最喜欢的东西。

郑国送的香云纱、陈国送来的奈良绸、齐国送来的翡翠簪，郑袖总是挑好的给魏美人。只要能见着楚怀王，郑袖总是在说魏美人的好话。

美人十分满意，也乐得投桃报李，不住地在怀王面前夸郑袖的好。楚怀王对郑袖非常满意，觉得她贤良淑德，把她树为后宫楷模。怀王非常高兴地说：『女人之间的嫉妒是人之常情，而夫人知道寡人喜欢新人，而冷落了她，她不但不反对，反而对新人那么好，这真是忠臣侍奉君主的行为呀！』

郑袖得到了不嫉妒的美名，又取得了美女的信任，郑袖与美人的关系更亲密无间，俩人遂以姐妹相称，几乎无话不谈。

有一次，郑袖对美人说：『妹妹，你真漂亮，难怪大王喜欢你。』

美人听了郑袖的奉承非常高兴。

郑袖又说：『你知道，大王宠幸你，是因为你的美貌，但你有一处大王好像不太喜欢。』

美人忙问：『姐姐，是哪里？』

郑袖说：『是你的鼻子，大王不喜欢你的鼻子。美中不足的是你的鼻子，真叫人惋惜呀。』

美人不知何意，慌忙用手摸摸自己的鼻子问道：『好姐姐，那我该怎么办呀？』

郑袖想了想，说：『妹妹呀，我帮你想个法子吧。以后你再看见大王，应该用什么东西将鼻子遮住，不要让大王看见，这样大王就更喜欢你了。』

美人对郑袖的指教感激不尽。从此之后，美人就听了郑袖的话，再见到怀王时，就用双手掩住自己的鼻子。

时间久了，楚怀王对魏美人的做法觉得非常奇怪；郑袖欲言又止，激起了楚王的好奇心，怀王不解，美女也不解释。怀王就问夫人。

郑袖说：『我倒是知道原因，不过大王还是不听的好，免得动气。』

怀王见郑袖吞吞吐吐的样子，更是急于知道内情。郑袖假装犹豫再三，好像下了很大决心似的说：『她好像是嫌大王身上有味。』

怀王大怒，一气之下，命人把美女的鼻子割了下来。没有了鼻子的美女，以后的命运当然可想而知。郑袖的阴谋终于得逞了，从此独占专宠。

【品读】

郑袖能够在历史上留下名字，不仅因为她的美貌，更主要的是由于她的歹毒和狡诈。郑袖设计让怀王割了魏姬的鼻子。传说中，郑袖迷恋三闾大夫屈原而不得，遂诬告屈原，令怀王疏远之，将之发配汉北。屈原终身郁郁不得志。郑袖还干预朝政，收受贿赂，放走张仪，令楚国走向衰亡。

久居深宫里的女人们，处于被动的地位，她们只有得到君王的欢心，才会有某种尊重和权利。因此，后宫历来是她们争宠之地。郑袖没有武器，只能靠语言。语言是取胜对手必不可少的武器。尤其是谗言，像一把看不见刃的剑，一句巧话，就会胜过千军万马。

从另一个角度看，郑袖也使人同情。她本来被楚怀王宠爱，但只因来了新美人，她就像一见穿旧的衣服一样被抛在了一边。她唯一的出路只有除掉新人，才能巩固自己在怀王那里的地位，继续得到宠爱。她做得十分巧妙，一是要得到美人的信任，还有就是要给大王留下一个不嫉妒的好印象，这样，她进谗言，才能使他相信。这一点十分重要。要想控制对手，就要先掌握他身边的一切情况，这是最主要的。就像观察天地的盛衰、掌握地形的宽窄和山川险阻的难易一样。了解他们的好恶，然后针对对方所重视的问题去游离与他人的关系，从中收益。

二、碰壁的宋义

项梁，秦末著名起义军首领之一，楚国贵族的后代，西楚霸王项羽的叔父。项梁的父亲项燕是楚国名将，在秦灭楚的战争中自杀，其祖先项氏多人也是楚国将领。

项羽小时候，项梁亲自教他念书。项羽学了几天，就不愿意再学。他说：『念书，不过记记自己的姓名。』项梁教他学剑。他说：『要学，就学能敌得过上万人的本领。』项梁就教他兵法。项羽才学了几天，略略懂得一个大意，又不肯再深入钻研了。后来。项梁把仇人杀死，闯了祸，就带着项羽逃到吴中，隐姓埋名，跟吴中人士结交。

吴中人士见项梁能文能武，就把他当作老大哥看待。项梁趁这机会暗暗教他们兵法。一班青年子弟见项羽长得相貌堂堂，个儿又高，力气大得连千斤重的大鼎也举得起来，都很佩服他。

项梁在吴中威信颇高，当地的大事全由他出面主办。项梁利用这种条件暗中招兵买马，训练子弟兵。陈胜、吴广起义爆发后，项梁叔侄杀会稽太守殷通，响应起兵，那时，项羽二十四岁，年龄跟他差不多的青年都乐意跟随他，不到几天工夫，项梁就拉起了一支八千人的队伍。因为这些青年都是当地的子弟，就称为『八千子弟兵』。

秦朝末年，项梁和项羽起兵造反，打了许多胜仗，项梁于是不把秦兵放在眼里，表现得很骄傲，他说：『亡秦乃是天意，我们替天行道，岂有不胜之理？现在我军可大胆进攻，一定要讲求速胜。』

曾任楚国令尹的宋义认为项梁轻敌，劝告说：『秦军曾横扫天下，今虽屡败，但仍不可小看。而我军连胜必骄，这是兵家大忌，将军务必在意。』

项梁对宋义存有偏见，他私下对侄子项羽说：『宋义从前贵为令尹，今日他一定不甘屈居于你我之下。他明里是好心，其实谁知他是否暗怀鬼胎呢？他不是我们的人，对他既不能重用，也不能轻信。』

项梁对宋义表面上尊重，实际上对他的进言一律拒绝。宋义多次碰壁之后，渐渐醒悟过来，他对自己的好友说：『项氏叔侄名义是恢复楚国，实质是培养他们自己的势力啊。我这个楚国旧臣不是他们的亲信，难怪他们对我如此冷淡。』

宋义的好友说：『大人已知他们不能容人，何不早早离开呢？』

宋义叹气道：『不为信任，便为异己，项氏叔侄岂能让我轻松离去？恐怕我此念一生，他们便会除掉我了。』

项梁打下城阳之后，为了震慑天下，下令屠城。宋义闻知大惊，他对项梁说：『暴秦之暴，百姓早已受够，这才会导致天下反叛，将军难道不知吗？得天下当以仁德聚拢民心，望将军收回成命。』

项梁怀疑宋义别有用心，对他的苦劝非但不听，还挖苦他说：『我想杀人，大人百般阻拦，世人若知此事，定会颂扬大人的仁德。不过此事已定，就让天下骂我这个恶人吧！』

城阳全城被屠，死人甚众，宋义伤心地哭着说：『可恨我如今卑微，有心救人却无能为力，这不是我的过错啊。』

宋义从此再不对项梁直言，反而极力夸他用兵如神。宋义的好友感到奇怪，问他说：『你和从前判若两人，事事都不争辩进言，你太不负责任了。』

宋义反问好友说：『我无职无权，何责之有？项氏叔侄刚愎自用，他们是死是活与我何干呢？』

一次，项梁假意征求宋义的意见，当着众人的面说：『大人曾为楚国令尹，德高望众，见识不凡，不知大人有何赐教？』

宋义赔笑道：『往日之事不可再提，何况我只是个亡国的令尹，我有罪啊。将军大智大勇，乱世雄起，大楚复兴有望，全在将军，将军才是真正的英杰，我听从将军的号令好了。』

项梁心头有喜，脸上是笑，他对宋义点头说：『蒙大人抬爱，项梁受之有愧了。』

见到宋义媚言，项羽也感到突然，他对叔父说：『宋义这个人一向孤傲，他怎会当众自贬呢？』

项梁肯定说：『宋义是个聪明人，他现在是想通了。今非昔比，他哪里还敢和我们作对吗？』

宋义见项梁对他解除了戒备，于是开始专心筹划离开他，他对好友说：『项氏叔侄只谋私利，排斥异己，他们终会败亡的，在他们身边太危险了。一有机会，我便要远走，你也要趁早准备。』

不久，项梁有事要联络友军，宋义主动请缨，借此离开了他。很快，项氏军队在定陶被秦军打得大败，项梁也在此役中战死。

【品读】

对于自己的上司，如何掌控，这是一个难题。不妨用钩钳之语，就是对于他们的言论，本着『有时同意，有时反对』的原则进行交往。

宋义能够周旋于项梁左右，也就是凭借这一招。他刚开始反对他，直言不讳，后来干脆来了一个转弯，让项梁不知所措。在同意和反对之间，让对方摸不着你的真实想法，这样，他就轻易不敢与你交手，你就可取胜。

其实这是本不应该提倡的做法，但是，对于那些存有私心的人，他们任人唯亲，赏罚不明，也只好出此下策。相反，正直无私的领导者和下属患难与共，下属便会把他视为知己，全心为领导者着想，直言也就不在话下了。能使下属忠诚敢言的领导者才是最成功的，他们让下属发挥出他们的全部聪明与才智，事业兴旺便有了根本的保障。

三、倒戈的章邯

章邯派人向项羽求降。项羽将信将疑，项羽的谋士范增说：『秦国将相不和，互相争功，秦国是一定会灭亡的。章邯不为赵高所喜，他害怕赵高会加害于他，我相信他投奔主公是真心的，主公万勿生疑。』于是，项羽派人前去打探，弄清了事情的真相。

章邯，字少荣，秦末大将，秦二世时任少府。秦二世元年，二世胡亥东巡郡县，听信奸臣赵高的谗言，一路杀戮大臣，假借罪名互相株连。于是，满朝震惊，恐惧不安，凡进谏的人都认为是诽谤朝廷。从此大臣谄媚讨好，百姓惊恐。

秦二世二年，冬天，陈胜派遣的周章等将领到达戏水，有几十万军队。二世胡亥大为震惊，派章邯为将领，受命率骊山刑徒及奴隶七十万之众，迎击周章。打垮了周章的军队，周章出关，逃至曹阳，章邯追至，击破曹阳。周章再次败走次渑池，十余日后，章邯大破次渑池，周章自刎。

打败了周章，章邯又向荥阳进发。荥阳将军田臧派诸将李归等守荥阳城，自己带精兵往西迎战秦军，在敖仓与秦军大战，田臧战死。章邯继续进兵荥阳城，攻城，城破，李归等战死。

接着，章邯又连续破邓说，败伍徐，迫陈胜遁走至城父。陈胜命张贺出城西迎战章邯，自己亲自在城楼监战。

城西一战，张贺战死。自此，陈胜不敢再战，闭关死守。在章邯围城的强大攻势下，腊月，陈胜被自己贴身的庄贾杀死，开城降秦。

章邯出战，屡战屡胜，使秦廷得以苟延残喘。但是，秦二世时，赵高做郎中令，掌握着朝廷大权。赵高为人苟且，十分自私，他为了排斥异己，并不把陛下放在眼里，怂恿二世说：『李斯等人自以为立有大功，他们迟早要谋反的。天下功劳都该归于陛下，这毕竟是陛下的英明决策之果，岂能让人贪占呢？』

秦二世于是对李斯不满，终在赵高的鼓动下，用非常残忍的手段杀掉了李斯。

赵高当上了丞相，加紧信用私人，秦军赏罚不明，无人愿战，在和义军交战中连连失利，情况十分危急。

章邯是秦国的大将，战功显赫，赵高嫉妒他的功劳，没有丝毫奖赏，他反而向二世报告说：『章邯从前打了一些胜仗，那都是他听了臣的建议之故。如今他骄傲自负，臣的意见一概不听，结果无一获胜。陛下不要轻信他人的传言，此人应当加以防范了。』

二世于是派人责备章邯，口气极其严厉，章邯手下的长史司马欣说：『这一定是赵高诬陷所致，他一向嫉贤妒能，我们纵是有天大的功劳，也会让他窃为己有。皇上被他蒙在鼓里，哪里会知道此中真情呢？』

章邯气愤已极，却又无处倾诉，他悲声对司马欣说：『我军舍命厮杀，不知死了多少人，到头来却是赵高一人得利，我们拼命不值啊！』司马欣泣泪道：『这种情况如不改变，将军的性命就危险了，请允许我面见赵高，替将军疏通。』

司马欣来到都城咸阳，赵高听到通报，不禁阴冷地一笑说：『章邯非我故交，他这个人是一定要除掉的，他求我也没用啊。』

赵高拒见司马欣，一连三天都不露面。司马欣心中焦急，四处托人，知道内情的人便告诉他说：『章邯平日不交结丞相，丞相不喜欢他，现在疏通为时已晚。从前章邯有功自揽，丞相早就有气，时下他连打败仗，丞相更不会接受他了。』

司马欣拿出重金，请人转呈赵高，不想无人敢受，他们说：『形势危急，一点钱财有什么用呢？丞相为掩过失，定会找几个替罪羊出来，章邯是逃不掉了。』

司马欣惊慌地离开咸阳，他向章邯报告说：『看来赵高定要惩处将军，将军应早做准备。』

章邯问明情由，仍有幻想，他说：『我想给皇上直接上书，诉说冤屈，这样可以吧？』

司马欣摆手道：『朝廷上下全被赵高一人控制，将军一旦上书，必为赵高截获，更对将军不利了。』

章邯一时无计，愁苦万端。

当时，章邯的军队驻扎在棘原，项羽的军队驻扎在漳河的南面。司马欣提议投降项羽，他分析说：『项羽勇不可当，难以对敌，我军并没有必胜的把握。何况即使我军取胜，赵高也会瞒住不报，以为己功。我担心赵高很快就要对将军下手，不如现在倒戈，保全性命。』

赵将陈余派人送来他的信件，也劝章邯反叛朝廷，信中说：『秦国朝廷不分忠奸，残暴无道，所以天下人才会背弃它。过去，白起有那么大的功劳，尚免不了被赐死，何况是将军你呢？赵高为了巩固自己的权势，从来是报喜不报忧的，他专权乱政，而祸国的责任一定会推在你的身上，这是他小人的本性啊。』

章邯看信流泪，哽咽地说：『我被赵高压制已经很久了，之所以不敢决断，是因为我对皇上犹有信心。今日看书上所言，我忽有猛醒，皇上也是不恤臣下的，是我愚昧太深了。』

章邯派人去见项羽，打算订立和约。项羽召集军吏商量说：『军中粮少，就允许他签订和约吧。』

军吏都说：『好。』

项羽就与章邯订期在桓水南岸殷墟相见。已经缔结了盟约，章邯见到项羽，涕泪交下，向项羽诉说赵高的种种行径。项羽就立章邯为雍王，安置在楚军营中，使长史司马欣为上将军，率领秦军二十余万，为先行部队，统率秦降兵进军关中，充作前驱，项羽的实力也因此而增强。

【品读】

项羽怀疑章邯投奔他的可信度，这是对的。不能盲目重用一个人，一定要详细考察对方的愿望和想法。这样才能不至于错过一个好机会，不至于丢掉一个为你所用之人，也不至于落入对方的圈套。搞清对方的同时，你心中也就有了底数。人心不古，有的人可以信口雌黄，所以，在对他们做出选择时，一定要谨慎考察对方的真实用心。

四、违心的刘邦

秦朝末年，刘邦先行进入关中，占领了秦国都城咸阳。按照从前的约定，各路反秦诸侯谁先入关中者为王。刘邦占得头功，自是喜不自禁，他对手下人说：『我军上应天命，拔得头筹，可见苍天佑我，我不能不顺应天命啊！』

刘邦手下一片欢呼，振臂响应，只有萧何、张良等人默不作声。

众人散去后，刘邦召萧何、张良来到密室，刘邦不解地说：『我想按约办事，一切都名正言顺，你们不发一言，是什么意思呢？』

萧何看了刘邦一眼，轻声说：『主公是相信约定呢，还是相信实力呢？』

刘邦一怔，他又问张良说：『你的看法呢？』

张良诚恳地说：『萧大人的意思十分明了，他是提醒主公不要轻信约定，而忘了强大敌人的存在。在此乱世，群雄争霸，实力才是最重要的，也是最值得依赖的。现在项羽拥兵数十万，他的野心也最大，如果主公贸然称王，项羽会第一个站出来攻打我们，其他群雄也不会相让。我们时下还远不是项羽的对手，所以只能敬重于他，以免招致惨败。』

刘邦强做镇定地说：『我军能攻进咸阳，自不是弱者，你们不要再说丧气的话了。倘若真的和项羽决一死战，我们也不一定是输家。』

这个时候，项羽兵临函谷关，听说刘邦已先行一步攻破咸阳，并打算做关中王。项羽大怒，发令攻破函谷关，屯兵新丰鸿门，和霸上的刘邦相隔不远，形成对峙。项羽决定大飨士卒，第二天便发兵攻打刘邦。这时候，项羽有军队四十万，刘邦只有十万，二者实力相差悬殊，刘邦这才感到事态的严重。

项羽的谋士范增劝项羽摆下鸿门宴，以便借机除掉刘邦。范增对项羽说：『如今强者为王，主公既为强者，无须对谁客气。刘邦虽弱，但不保他以后变强，眼下当除去这个后患。』

殊不知，刘邦的谋士张良曾经救过项羽叔父项伯的命。项伯得知项羽第二天要进攻刘邦的消息后，连夜骑马到刘邦的军营里找到张良，要张良赶快离开。

张良不愿背叛刘邦，把项伯带来的消息据实报告。刘邦大惊失色，顿感大祸临头了。找张良商议。张良仍很镇静，进言说：『项羽势大难敌，绝不可和他交战。好在项羽虽然勇猛，但他是个粗人，不懂谋略之术。依我之见，主公当及时赴约，当面向他「请罪」，做出十分恭顺之状。项羽得意忘形，当不会加害主公。如此我军赢得喘息之机，方可再做长远的打算。』

刘邦连忙要求面见项伯，认作亲家，希望项伯向项羽转达自己不敢擅自称王，正等待项王入关的意思。项伯答应了，并建议刘邦第二天一大早就亲自到项王军营主动谢罪求和。项伯又连夜赶回军营在项羽面前为刘邦说好话。

刘邦十分知趣，第二天一大早，刘邦只带了随从百余人硬着头皮到鸿门拜见项羽，赔礼道歉，表白心迹。一见面，刘邦忙赔笑说：『不知将军入关，有失远迎，刘邦今日特来请罪。』

项羽于是设宴款待刘邦。项伯、范增作陪，刘邦方面只有张良作陪。刘邦的谦卑态度出乎项羽的意料，但他心中却是十分受用。

鸿门宴上，范增使项庄舞剑，意在杀沛公刘邦，樊哙闯宴斥责项羽，项羽无言以对。刘邦又接着说：『我虽入关，但一切事务并不敢擅作主张，只等将军发落。将军勇猛无敌，天下敬仰，这是人心所向啊，我刘邦第一个拥戴将军。』

项羽更加高兴，不讨厌刘邦了。二人宴上把酒言欢，酒过数巡，范增多次暗示项王动手干掉刘邦，项王装着未看见，不予理睬。范增心急，于是起身出外唤来武士项庄，要他进营帐表演舞剑，乘机杀掉刘邦。可是，当项庄舞剑时，项伯也拔剑起舞，用自己的身体挡住刘邦，使项庄无法下手。

张良一看情势危急，也连忙到军营门口唤来樊哙。樊哙一听情况紧急，便一手拿剑一手持盾冲入营帐，怒目而视项羽。项羽大惊，问是什么人，张良回答说是刘邦的卫士。

项羽于是赏酒一斗，樊哙一饮而尽。项羽又赏生猪腿一根，樊哙把猪腿放在盾牌上，用剑切开便大吃起来。项王见他勇武，问能否再喝酒。樊哙回答说，『我死都不怕，难道还怕喝酒吗？』接下去便义正词严地陈述刘邦破秦的劳苦功高，谴责项羽不该听人挑拨，诛杀有功之人。说得项羽哑口无言，请樊哙入座。

不一会儿，刘邦起身上厕所，叫樊哙与他一起出去。刘邦出去后对樊哙说，『现在情况很危急，想就这样不辞而别，是不是不太合适呢？』

樊哙回答说：『做大事顾不了细节，讲大礼顾不了小的地方。有什么合适不合适的，保命要紧。现在人家是菜刀和砧板，我们是被宰割的鱼和肉，还有什么可告辞的呢？』

这时张良也出来了，刘邦于是留下张良送礼给项王和范增，自己丢下随从，只与樊哙等四人抄小路悄悄回到自己的军营。并对张良说：『从这里走小路回去不过二十里，你估计我已回到军营中后，再进去向他们送礼致谢。』

就这样，刘邦借上厕所之机而逃离鸿门宴。宴席之中，刘邦以如厕为名溜掉，张良就此向项羽解释说：『沛公不胜酒力，只好不辞而别了。将军重情重义，无奈将军手下总有小人挑拨，还请将军提防。沛公无比敬爱将军，如果沛公因此受害，天下人一定耻笑将军，这是陷将军于不义啊。』

项羽无言以对，范增气急败坏，而刘邦却因此逃脱了大难。缓过气来才得以大败项羽于垓下，自己做了汉朝的开国皇帝。

【品读】

刘邦能够逃离项羽，靠的是鸿门宴上的屈从和恭维。恭维可钳住对手。不管人们是否情愿，这一点不能否认：在弱肉强食的社会中，强者尊贵，弱者低下，这是不争的事实。强者是以其雄厚的实力做依托，这是它傲视他人的本钱。你的屈从与恭维会使他更加目空一切，搅乱他的戒备之心，麻痹他的心智。

如果弱者硬要强出头，不肯暂时屈从，只能使自己的处境更加不利。只有尊重现实，才能做到趋利避害，保存自身，以求将来的发展壮大。相反，不顾客观现实，不承认自己的弱势，结果使自己变得『更弱』。在敌强我弱、形势不利的情况下，保全实力，另起炉灶或另图东山再起，实在是明智之举。作为一种计谋，主动退却，不是怯懦，而是明智。

五、朱博的文韬武略

汉代的朱博是个武官，没有做过文官，当他奉命做了北州刺史，上任时巡视部署的途中，数百个官吏和老百姓拦住了他，说是要告状。人群中有普通百姓，有官署里的人，也有和尚。

朱博身边的一个从事，把情况报告给他，请他先暂且停留在此地，召见那些告状的人，事情完毕之后再出发。

其实，那些想告状的人根本没有什么状可告，无非是想以此来试探一下朱博的本事。朱博不知就里，他听从了从事的建议，明文告知官吏和百姓：『想告县丞、县尉的人，因为刺史不监察那一级的官员，请他们到各自郡里去告；想告郡守、邑宰、长史的人，因现在我正在巡视部属，让他们等我回到治所再来告；其他那些受了官吏冤枉，以及检举盗贼、民事纠纷等，都让他们到各自管辖部门找从事告状。』

人们没有想到，朱博的应变能力这么强，嚷嚷告状的四五百人，全部都停止了吵闹，散去了。后来，朱博了解到，是有人从中搞鬼，教唆百姓聚众闹事，朱博就把他给杀了。

朱博当左冯翌的时候，长陵大姓中，有个叫尚方禁的人，年轻的时候曾强奸别人的妻子，被人用刀砍了面颊。官府的功曹受了尚方禁的贿赂，没有革除他，反而调任他做守尉。朱博听到此事，找了一个借口召见尚方禁，一看他的脸，果然有瘢痕。朱博让左右的人都回避，单独问尚方禁：『你脸上的瘢痕是怎么回事啊？』

尚方禁自知朱博已经了解了实情，就连忙叩头，请求朱博饶命，然后老老实实交代了事情的经过。

朱博笑着说：『大丈夫本来难免有这种事情，我想为你洗刷耻辱，你能自己效力吗？』

尚方禁又喜又怕，回答说：『小人万死不辞。』

朱博命令尚方禁保守今天谈话的秘密，把尚方禁视为亲信。尚方禁得到朱博的信任，工作更加卖力，经常破获盗贼、通奸等犯罪活动，很见成效，就提升他为连守县县令。

很久之后，朱博召见功曹，列举尚方禁等人的事情，让他将自己当初受贿的事情全部招供。功曹非常害怕，老老实实地坦白了当初的罪过。朱博知道他说的话都是实话，让他就地听候裁决，要他改过自新。

【品读】

朱博大胆起用尚方禁，让他为官。看重点还是此人的某项专长。人无完人，都会有各种各样的缺点和不足，但是，每一个人都有自己的一技之长。这就是做人成事的依靠。每个人的技能都是不同的，坚硬的不能柔软，柔软的就无法刚强。这就要求领导者要善用孔明之智，张飞之勇，不能让李逵绣花，重在知人善任，必度权量能。对其要求太高与弃而不用都是不明智的。让各种人才趋附于自己，和谐共事，这是聪明人的一种处世能力的具体体现。

六、巧解嫌隙的翟方进

翟方进，字子威，西汉汝南郡上蔡人。他家世微贱，祖上没有任何通显之处。他父亲翟公时，因好学上进，挣得一个小小的汝南郡文学，但好景不长。幼年就失去母亲的翟方进，在十二岁时又失去了父亲，只能同自己的继母相依为命。后来年纪稍大，便托人到太守府做一名干杂事的小吏。但他的顶头上司太守府中的椽史认为翟方进生性愚钝，办事不力，经常辱骂他，让翟方进苦闷不已，心中遂生离去之意。

有一次，他遇见一位叫蔡父的人很有学问，就问他自己将来应该干些什么。蔡父看到翟方进后非常惊奇他的相貌，对他说，你不是凡人，长有封侯的骨相，今后应该在经术这方面进取，努力去研究诸子的学问，必有大成。蔡父的一番话让翟方进大喜过望。本来他就厌倦小吏生活，此次便下定决心，托病辞去工作。回家后，他把自己的想法跟继母说了，要辞家到京师学习。翟方进的继母是个非常善良的妇人，虽然翟方进并不是自己的亲生儿子，但她向来视翟方进为己出。听说儿子要远行，她非常担心，决定和儿子一同赴京。母子俩来到京师，翟方进入学进读，而继母则以织布纳鞋来补贴家用，供翟方进读书。

就这样，一晃过了十多年，翟方进苦学上进，成了京师有名的经学老师，身边的学生也越来越多。

翟方进博学多识，通晓法律，善于用人，以儒学正道修饰法律，为相知能有余，号称『通明相』，天子甚器重他。方进善于体会天子意图，所奏之事，无不称天子之意。

当初，定陵侯淳于长尽管是外戚，但凭其才能智谋位居九卿。刚任职时，唯独翟方进与他交往并多次称赞、推荐他。后来淳于长以大逆不道被杀，与淳于长关系密切的很多人被免官，翟方进为宰相，一直受到皇上重用，却没受到任何责备。

翟方进感到惭愧，上表谢罪，自请辞官。

皇帝说：定陵侯已认罪服法，你尽管同他有过交往，不曾听过，朝过夕改，君子称赞，你还有什么疑虑呢？应该专心一意，不要懈怠，就医吃药，保持身体。翟方进自此才开始办理政务，上奏条陈淳于长厚交的京兆尹孙宝、右扶风肖育及刺史等官吏二十余人，皆被免去官职。

当时京师有一个老儒清河人胡常，和翟方进一样研究经术，进行切磋。虽然两人不是一个地方的人，但关系处得却很好。

不久，胡常先做了官，而翟方进虽然没有当官，但名望却比胡常大。人们见了胡常，只是客客气气地打招呼，但一提起翟方进，就都夸奖说：『他是人才，有人品也有学品，让人佩服啊。』

开始之时，胡常还好，没有觉得有什么，但日子久了，他心里就不舒服了。总觉得生活在翟方进的阴影下似的。好像自己除了官比翟方进做得大以外，其余的什么也比不上他。渐渐地，胡常就心存不满起来。后来，逐渐地也说起翟方进的坏话：『翟方进有什么了不起的，不过是一介书生，只会空谈，若做官，还不知道会弄成个什么样子呢。』胡常便心存妒忌，常在私下对翟方进说长道短，常发表议论恶意中伤抨击翟方进。

天下没有不透风的墙。时间长了，这话就慢慢地传到了翟方进的耳朵里。翟方进知道胡常的心病后，并不以为然，反而在胡常讲经授课时，让其弟子去听课，认真记录，问辩难疑。他还亲自到胡常的居处，向他请教经学疑义，并且详做笔记。一段时间后，胡常终于明白翟方进私底下非常推崇自己，心中扬扬得意。日后，胡常与士大夫交游闲谈中，也不时称赞翟方进的学问。

之后，他在与士大夫来往之中也常常赞扬方进，致使士大夫与翟方进也成为挚友。

绥和二年春，火星在心宿附近长时间滞留，世人迷信，认为不祥，当时贲丽善占星象，称应该由大臣承担责任。汉成帝赐册斥责翟方进，认为方进为相十年，灾害并至，民受饥饿；盗贼众多，吏民相残；群情汹汹，怀奸朋党；政令变更无常，逼迫翟方进自尽，翟方进即日自杀。成帝多次亲临翟府吊唁，礼节及所赐之物都超过先前旧例，谥恭侯。

【品读】

朋友背地里说自己的坏话，是最伤感情的事了。一般人不能忍而不发。这样就要求你要有宰相的肚量。大凡做官之人，都有这个弊病，认为自己的能力比别人强，也不容忍别人比自己好，超过自己。胡常就是这样的人，幸亏翟方进度量大，修养好，不和他斤斤计较，不但不以为然，还处处维护他、抬举他，这样才化解了两人之间的矛盾。其实，在整个事件中，翟方进清楚，他和胡常没有本质上的利害冲突，胡大人对他不满，无非是因为自己的名声比他高，所以，适当的时候抬举一下胡常，恭维、顺应他几句，一切矛盾就都迎刃而解了，也从根本上掌握了胡常这个人。

翟方进为相，一任就是十年。这十年当中他辅佐成帝治理国家，实实在在地说，既无大功，也无大过。在为相期间，束己公约，崇尚清明，加上他本人知能有余，兼通文法吏事，因此，被时人称为『通明相』。

七、舍命报恩的杨业

杨业，并州太原人。父亲杨信，在后汉担任鳞州刺史。杨业幼年习练武术，十八般兵器样样精通。从小就有报国志向。十几岁时，就去投奔刘崇从军。以其骁勇善战，使敌军闻风丧胆。因作战有功，官至建雄军节度使。

宋太宗亲征北汉，攻打太原时，早已听说了杨业的大名。此时，太原已成了一座孤城，北汉军队已无外援。太宗恐怕破城之后，百姓会遭到无辜涂炭，下诏，让北汉君主刘继元投降。北汉投降之后，太宗专门召见了杨业，对杨业特别欣赏。任命他为右领军卫大将军，郑州刺史之职。杨业忙跪下谢恩，同时说：『谢皇上对杨业的信任，杨业未立寸功，无才无能，难以担此重任，再则，杨业本一降将，恐怕难以服众，边关重地，不可儿戏，请皇上派一得力的将军才是。』杨业再三推辞，太宗不准。对杨业说：『朕深知你胆略过人，是镇守边关的最佳人选，你不要有任何顾虑，有什么事情，朕自会为你做主。』命杨业率军驻守代州。

一次，契丹军队入侵雁门关，杨业率领几千名骑兵，从小路绕到雁门关北口，从契丹军背后杀来，契丹军大败，节度使、驸马侍中萧咄李被杀。杨业也以守边有功，升任云州观察使。

很多边将对杨业因军功得以升迁非常忌妒，加之杨业又是北汉降将，有些人便暗中上书太宗，对杨业进行诬陷和诽谤。太宗皇帝对这些不实之词根本不予理睬，还把这些奏疏密封后，派人交给杨业。杨业看后，为太宗对自己的高度信任，深受感动。

太宗雍熙三年，宋朝大军分几路讨伐契丹。潘美为应、云、朔等州都部署，杨业为副都部署，兵出雁门关。

夏四月，曹彬驻守涿州半月有余，粮草用尽，于五月率兵撤回，途中在岐沟与契丹耶律休哥大战而失败。太宗下诏召回出征军队。

不久，太宗下诏将云、应、寰、朔四州的老百姓迁往内地，令潘美等人率军护送。此时，契丹军队在萧太后的率领下，重新攻占了寰州。

因为辽军此时士气正旺，杨业为了避免不必要的伤亡，不主张与其作战，应按皇上的命令，先将四州的百姓，护送到内地，再寻机与辽军决战。时任监军的潘美不同意杨业的主张，并说：『我们有几万精兵在此，你却畏敌不前，是何道理，不会是另有想法吧？』杨业在明知必败的情况下，为了表白自己的忠心，只得带兵迎敌。

出发前，杨业对潘美说：『此次出兵对我军实在不利，我是北汉降将，按说早该受死了。可皇上不但没有杀我，还委我以重任，授我兵权。我不是贪生怕死之辈，只是想寻找机会，立下战功回报皇上对我的恩典。如今各位大人都以我畏敌不前，是别有用心，而逼我出战，杨业也只能用战死沙场来证明自己的清白。』

杨业和手下将士奋力拼杀，从中午一直战到晚上，才退到了陈家谷口，此时，手下的军卒只剩有一百多人。杨业看到原定的接应军队已经撤走，他又率先杀入敌阵。因战马受伤被俘，杨业在敌营中绝食而死。

【品读】

人与人不同，仔细考察相同和不同之处，区别是与非，掌握其真假，确定与谁亲近和与谁疏远，是决定安危的一项计谋，也是用人的一个标准。太宗了解杨业的品行，所以，用恩情去制服他，是高明之策。君子之交，不为名利，让人钦佩。受人之恩，不思报答，让人鄙视。人在感谢别人恩情的情况下，不怕为之去死，更别提任何事情都可以去为之而做。江湖义气的做法是不可取的，但士为知己者死，也是一种千秋大义，能被更多的人所看重。

八、主父偃的得与失

主父偃是齐国临淄县人，少年时学纵横家家术，很晚的时候才学习《易》、《春秋》、百家之言等著作。他游学于齐国读书人之间，儒生们一齐排斥他，所以他在齐国不能容身。

主父偃在齐地受排挤，为了步入仕途，经历了一番波折。为了将来能有个出头之日，他曾托宦官齐人徐甲请求齐王，想把自己的女儿纳入王宫作妃嫔，但是计划落空。他的生活日渐窘困，被迫离开故土，到燕、赵、中山等国寻求出路。但仍是『莫能厚遇』，以致穷困潦倒。

这时，主父偃抱着怀才不遇的满腔怨愤，认为各诸侯国都不足以发挥自己的才能，便西去长安投奔大将军卫青，请他把自己直接引荐给汉武帝。卫青虽多次为他说话，但很长时间没有引起汉武帝的重视。

主父偃本来就缺乏资金，在待诏过程中更显窘迫，经常受到其他宾客的歧视。主父偃认识到不能长期这样消极等待，于是他写了一封很长的上书，『所言九事，其八事为律令，一事谏伐匈奴』。

两汉时期，民皆可以诣阙上书，自陈己见。如果皇上认为有可取之处，即予召见，经过当面谈话，感到满意，便予以官职。

汉武帝本人堪称一代雄主，在位五十四年，占了整个西汉王朝的四分之一，而且正当最繁荣强盛的时期。他继承了『文景之治』形成的富强国势和安定政局，对内加强皇权巩固统一，对外开疆拓土宣扬国威，是完成封建专制主义中央集权大帝国的重要人物。

武帝本人有雄才大略，内政外交多所改易，又继承了数十年来积聚的实力，时准备大举讨伐匈奴。但初次出兵无功而返，且导致双边关系彻底破裂。主父偃正是在这样的背景下，提出匈奴问题的。他认为，秦亡的主要原因就是征伐匈奴。『曝兵露师十又余年，死者不可胜数』，致使赋税繁重，人民疲弊，『男子疾耕不足于粮饷，女子纺织不足于帷幕』，结果『天下叛秦』。高祖吸取了『白登之围』的教训，及时采取了『和亲』政策。现在征伐匈奴，是重蹈亡秦覆辙，『此臣之所大恐，百姓所疾苦也』。尽管汉武帝后来征伐匈奴取得了重大胜利，但也付出了『海内虚耗，户口减半』的沉重代价，如果不是武帝末年悔征伐之事，及时改弦更张，主父偃的忧虑不是没有可能。

汉武帝早晨接到上书，下午就接见了主父偃，从此，主父偃经常上述言事，皇上对主父偃说：『为什么相见那么晚呢！』于是任命主父偃为郎中。主父偃多次上书言事，升迁为谒者、中郎、中大夫，颇得武帝赏识，『一岁四迁，至太中大夫』。

官居要职后，主父偃接近皇上的次数多了，上书言事的机会也就多了，逐渐取得了皇上的信任，主父偃就宴请原来讨厌他的客卿们，想羞辱他们一番。他找了家酒楼，花去了一个多月的俸禄，这些客卿们就巴结奉承他，主父偃喝了个酩酊大醉，回家后对仆人说：『当官儿就是好，原来看不起我的，现在都来恭维我了。』

随后，那些客卿们接二连三地回请他，他也是有请必到，只是，几天下来，他发现了一个问题，每次赴宴都是极豪华的酒楼，而且席中一个菜就相当于他一个月的俸禄，有的菜上千两银子，一筷未动就扔掉了，主父偃就说：『这么贵的菜，怎么不吃就扔了呢？太可惜了。』客卿们不回答他，只是哧哧地笑。主父偃在他们的笑声里听出问题来了，回家后他自言自语地说：『这些人还是瞧不起我，看来我不仅要把官做大，还要把钱赚足。』从那以后，主父偃每天办的就是两件事：设置计谋，想法谋钱。

他的计谋经常被皇上采纳，大臣们渐渐畏惧他那张嘴了，争相对他大施贿赂。主父偃有钱了就开始建豪宅、纳小妾。过上了纸醉金迷的生活。他渐渐觉察出自己的计谋不再那么高明了，便想离皇上远一点儿为好，于是向皇上请奏说：『齐王淫逸放荡，行为怪僻，需要人去辅佐。』

皇上就任命主父偃为齐相。到了齐国之后，主父偃就对齐王说：『王与姐乱伦，如果皇上知道了，罪不可赦。』

于是，齐王就把大权移交给了主父偃，并为他盖了一座豪华的相府，府库的钱财也任他挥霍。主父偃把兄弟宾客全都召来，给了每个人五百金，斥责说：『我以前贫穷时，你们不给我衣食，不让我进门，现在我做齐相，你们有人跑出千里外接我，从现在起我与你们断绝关系，不许再进我的门。』

主父偃在任齐相出函谷关时，赵王上了一道奏章说：『主父偃发迹靠的是揭人的隐私，他也以此为要挟收受贿赂，将来必是为国之祸。』

主父偃在齐国经常拿齐王乱伦的事相要挟，齐王就听任其骄奢淫逸，齐王想总有一天要被论罪，就自杀了。正当赵王上奏主父偃受贿之时，传来齐王自杀的消息，皇上非常生气，认为是主父偃逼迫齐王自杀的，这时又有不少大臣纷纷举报主父偃受贿索贿、生活腐化等问题，皇上就下令杀了主父偃的全族。

【品读】

由主父偃早期的经历可以看出，为了步入仕途，主父偃想尽了一切办法，忍受了别人的冷嘲热讽，甚至排挤和打击。但他并未因此而放弃自己的追求，百折不挠，历经坎坷，表现出强烈的入仕从政的意识和不屈的韧性。『学而优则仕』的思想在主父偃的身上得到了集中的体现。由此，主父偃踏入了仕途，开始了自己新的政治生涯。主父偃控制了汉武帝，玩弄大臣于股掌之间，一直到最后又控制了齐王。主要的原因就是他了解对方的隐私，要推行『飞钳』之术，必须观察诸侯间交往中谁与谁亲密，谁与谁疏远，谁与谁友好，谁与谁相交恶。知其所好恶。所谓：知彼知己，才能百战百胜。在了解中，你就掌握了主动，『飞钳』自如。

主父偃一生先抑后扬再抑，可谓是坎坷异常。由起初的不为所容，穷困潦倒，到成为汉武帝的言官，拜为郎中，人人敬畏，历经种种波折，然而主父偃并未能够善始善终，最后落得个宾客中只有一人为其敛尸，门前冷落至此。从中我们可以看到，逆境中不畏困难，以坚强的毅力奔自己的目标努力，顺境中则应保持自己在逆境时的清醒头脑，不应因为环境的变化而变得目中无人、骄横自大。

九、巧制贼人的韩褒

韩褒，字弘业，颍川颍阳人。他少有志尚，好学而不守章句。老师奇怪，就问他，他说：『文字之间，常奉训诱，至于商较异同，请从所好。』老师因此认为他是奇才。

西魏文帝时，韩褒被任命为北雍州刺史。北雍州一带经常有盗贼出没，因为这一带山林茂密，盗贼进退很方便，官府拿他们没法子。当地百姓深受其苦。作为新上任的本地刺史韩褒心里很着急，韩褒学识很深，为人沉稳，他一上任便微服私访，调查匪患的实情。结果令他大吃一惊的是，所谓匪患，其实都是当地豪强所为；他们的势力十分庞大，互相勾结，而表面上却道貌岸然，掩人耳目。

韩褒初来乍到，顿感为难了。他召集部属说：『没想到这里情况是这么复杂，弄不好剿匪不成，反生变乱。这些豪强不可小看，你们有何建议吗？』

有人说：『大人有心灭贼，奈何此地贼患已久，不如不要深究了。否则，只怕对大人前途大为不利啊。』也有人主张严厉镇压，说：『自古朝廷和贼寇势不两立，岂容贼寇嚣张？只要大人决心不减，出兵征讨，朝廷就不会输给贼寇。』

韩褒听了众人的意见，最后说：『我是朝廷命官，是决不能为了私利而放纵贼人的。但贼寇不可轻视，也要讲究谋略，轻易出兵未必胜。此事容我三思之后，再行定夺。』

韩褒闭门不出，苦思良策。这日，他的一位远方朋友前来探望他，韩褒对他说出了自己的忧虑。韩褒说：『我想一举将贼寇剿灭，又不兴师动众、劳民伤财，可以做到吗？』

他的朋友很有见地，说：『你一向以君子自称，做任何事也不要失去礼数。贼寇也是人，如能对他们先礼后兵，诚心感化，就不用大动干戈了。否则，如果大开杀戒，难保有冤死之鬼，这对你的名望有损啊！』

有了朋友的提醒，韩褒打定了主意。一天，他对部属们说：『贼寇势大，不可用强。我想以贼制贼，对贼人加以礼遇，重用他们一同讨贼。这样朝廷给人自新的机会，效果也会事半功倍的。』

韩褒的想法出乎所有人的意料，有人公开表示反对说：『与贼讲礼数仁义，恐怕是对牛弹琴啊！讨贼是光明正大的事，为什么不能大张旗鼓地进行呢？万一有人诬指大人和贼人同流合污，大人岂不是自找麻烦？』

韩褒说服众人道：『从前官吏不能灭贼，致使贼患日大，难道不值得我们反省吗？他们有的胆小怕事，放纵不理；有的只知讨伐，不加安抚。我这样对贼寇恩威并致，相信他们是不会无动于衷的，你们就拭目以待吧。』

这天，韩褒把这些大族家里的人都召集来开会，他假装不知他们的罪行，推心置腹地以恳切的语气对他们说：『我是一个读书人出身，哪里懂得缉拿盗贼，对行军打仗并不精通。但我这里贼患严重，百姓不得安生，每一个有良心的人都不能任贼横行，何况我这个刺史呢？你们都是土生土长的本地人，更不忍看乡亲受苦受难吧？我想委任你们剿贼的重任，一同为百姓除害。所以，只好依赖诸位共同分担这个忧愁了。』韩褒用盛宴招待他们，态度十分谦和诚恳，说到百姓的苦难，韩褒几次流下泪水，声音哽咽。

当地豪强大为不安，也心生震撼，他们面有愧色，都不敢正视韩褒。韩褒说罢，便让那些平时在乡里为非作歹的弟子，一个不漏地临时做各处的主管，划分地段分别管辖。有发现盗贼而不捕获，按故意放纵论处。

从此之后，被暂时任命的少年，没有哪个不惊恐害怕。他们聚在一处，个个垂头丧气，有的便说：『刺史大人所为，分明是针对我们的。难得他明知此乃我等所为，却仍对我等礼待有加，他这是给我们自新的机会啊！我们也不要不识趣了！』

于是，都自首认罪说：『前时发生的偷盗案子，都是我们干的。』这些被任命为缉盗主管的盗贼，都变得积极起来，把所有党徒同伙的姓名全部列出。那些逃跑躲藏起来的，也都说出了他们躲藏的地方。

韩褒拿过名单，嘱咐那些主管一番，先打发他们回去。第二天便在州城门边贴上一张告示。让那些曾干过盗贼的，赶快来州府自首，马上免除他们的罪。过了这一月不自首的，除当众处决本人外，还要登记没收他的妻子儿女，赏给先前自首的人。十天之内，众盗贼果然全部来自首了。韩褒拿过名单一一核对，一个不差。韩刺史赦免了他们的罪，让他们改过自新。这招还真灵，这些盗贼从此再也不敢为恶了。

韩褒恪守信义，准许他们改过自新，免除了对他们的惩罚。从此，北雍州的贼患彻底平定了。

【品读】

不靠武力，轻而易举地平息了贼寇，不能不说是韩褒的本事。他靠什么制服贼人呢？是通过他创造的一种真诚的气氛来吸引对方。再恶再坏的人，内心深处也都有一些尊严和体面。当他们作恶多端时，因为别人已经不尊重他们，对他们只有诅咒、谴责。然而就在他们内心没有约束时，给他们权力去监督那些作恶的行为，给他们脸面，重新唤起他们的自尊心和体面感。他们不仅能负起责任，更重要的是，他们又对自己的行为开始像常人那样负责了。聪明之人的作为也不是一味蛮干的，不到最后关头，他们也不会轻易涉险。

出于各种目的，对人多有礼遇，尽管有时未必发自真心，在人看来还是难以抵挡的。人们以礼还礼，一方面不使矛盾激化，有助于事情得到妥善解决；另一方面，不失去必要的礼节，这也是人们所追求的行为规范。

一〇、杜重威的恶行

杜重威，五代后晋大臣，后晋初典禁军。因避后晋出帝讳，改名杜威，是后晋高祖石敬塘之妹婿。高祖登基后，封重威为舒州刺史。杜重威品行不良，居功自傲。其在任期间重敛百姓，大肆搜刮民财税外加赋，故世人怨怒。

五代时期，杜重威在后唐的军队只是一名下级军官。一日，后唐驸马石敬塘去军营视察，杜重威趁机极力巴结，还暗表忠心说：『大人雄才伟略，人小仰慕已久，日后如有差遣，当效犬马之劳。』

当时，石敬瑭野心勃勃，正到处搜罗自己的死党，眼见杜重威主动投靠，他便有意将杜重威收至门下。

一个了解杜重威的人对石敬瑭说：『看一个人是否值得信任，只要看他平日的行为就可以了。杜重威官虽不大，但官架十足，讲究排场，不敬他的士兵总会遭到他的打击报复。遇到好事，杜重威从不相让，挖空心思去争夺，不惜行奸使坏。总之，杜重威只重名利，缺少道义，大人要重用这样的人，还需慎重啊！』

石敬瑭也不是个善类，他仅是看好杜重威尽可利用，他说：『做非常之事，当用非常之人，何必拘于人品呢？贪名好利者一旦以名利诱之，他们任何事都肯做呀。』石敬瑭于是多方提携杜重威，为了让他死心塌地，他还把自己的胞妹许他为妻。

杜重威成了石敬瑭手下的干将，当石敬瑭灭唐建晋自称皇帝时，杜重威第一个站出来拥护。石敬瑭是以割让燕云十六州、向契丹自称儿皇帝为条件才当上皇帝的，石敬瑭为天下人所不齿，有人便劝杜重威说：『石敬瑭的丑行惹得天下愤怒，你追随他不会有结果。你现在有兵有权，应该替天行道，带头起兵讨伐他。』

杜重威表面答应，私下却将那人杀死，他还向石敬瑭表功说：『陛下代唐，乃天意民心，臣杀此人，略表寸心。如有人抗拒天命，请陛下命我出征，定不负陛下。』

成德军节度使安重荣聚集境内十万兵反晋，石敬瑭急命杜重威迎敌。杜重威心中窃喜，他对部下说：『皇帝新立，正是我们建功封爵的时机，为了我们自己也要拼命啊！只要能获胜，你们可用各种方法，不要顾忌人们的非议。』

由于安重荣的士兵缺乏训练，杜重威很快就打败了他。为了邀功领赏，杜重威竟将安重荣的部将全部斩首，并杀百姓万余人，假充反军的首级。

杜重威的暴行令人发指，他的一位至亲苦劝他说：『名利对你真的那么重要吗？你为此不惜杀生害命，难道不怕报应吗？做人平安最好，你就不为日后着想？』

面对至亲的声声责问，杜重威没有一点惭色，无耻地说：『我的荣华富贵都是恃此而来，我还管那么多吗？世上的恶人也不是仅我一个，他们不是活得都很好吗？』

杜重威在成德军节度使任上，把官府中的钱粮全都掠到自己府中。他对百姓极力搜刮，致使百姓不堪其苦，纷纷逃往他乡。

有人据此弹劾杜重威，石敬瑭却不予理睬，他只向手下的大臣说：『杜重威有谋反的迹象吗？』

大臣不敢妄言，只是摇头。

石敬瑭如释重负，于是说：『杜重威忠心于朕，朕就放心了。在朕看来，他贪财好利都是小事，你们就不要抓住小事不放了。』

大臣争辩说：『杜重威如此贪婪，说明他是个典型的小人，他的忠心也会变的。陛下现在不整治他，难保日后他对朝廷不利。』

石敬瑭仍对杜重威很信任，只是口头训诫了杜重威几句，此事便不了了之了。

石敬瑭死后，杜重威的野心膨胀，想要当中原之主。此时，契丹已改国号为辽，耶律德光称帝。耶律德光为了吞并后晋，大举入侵。

杜重威为了个人富贵，偷偷派人前去辽营请降，后晋随之灭亡。河东节度使刘知远建立了后汉，杜重威遂又向刘知远称臣。刘知远看透了杜重威的小人面目，不顾他的摇尾乞怜，把他和他的三个儿子一并斩首，陈尸街头。

【品读】石敬瑭给杜重威利益，甚至把自己的胞妹许他为妻，是因为石敬瑭看出了杜重威是个重利益的小人。要重用某些人时，让他们为你卖命，可先赏赐财物、珠宝、玉石、白璧和封地，以便对他们进行试探。为名利而活的人是不会放弃任何机遇的，名利成了他们人生的最高追求，道德自然抛之于后。于是，在名利的驱动下，他自然会被诱惑。如果一个人凡事只讲实惠，只讲利益，那么这个人的发展趋向就危险了，最后还要落得一个不好的下场。

一、自毁性命的梁士彦

杨坚，弘农华阴人。隋朝开国皇帝。

杨坚的父亲杨忠是西魏十二大将军之一，杨忠死后，杨坚袭父爵，女儿为周宣帝的皇后。由此可见，杨坚不仅是关陇集团上层强有力的军事统帅，还是皇亲国戚，享有很高的政治地位。

周宣帝死后，年仅八岁的周静帝宇文阐即位，杨坚便以入宫辅政为由，总揽军政大权。后来，杨坚逼周静帝禅让出帝位，登基称帝，建立了隋朝。

隋朝建国之初，功臣梁士彦被隋高祖杨坚冷落。

梁士彦，字相如，安定乌氏人。少任侠，不仕州郡。性刚果，喜正人之是非。好读兵书，颇涉经史。没有受到封赏的梁士彦牢骚满腹，他对家人说：『我追随皇上多年，屡建奇功，如今皇上这样待我，太让人寒心了，我要和皇上理论一番。』

梁士彦的家人怕他惹祸，忙道：『你的功劳太大了，皇上不封赏你，分明是防范你啊！这个时候，你自己怎么能去找皇上说理呢？』

梁士彦不听，向杨坚哭诉了一番，杨坚表面上安慰他，事后却解除了他的实职，只让他在京赋闲。梁士彦又感委屈，整天喝酒消愁，他的一位好友规劝他，说：『所谓功高震主，说的就是你这样的人啊！我们做臣子的，在君主面前始终是弱者，如果你认不清这一点，非要和君主争个高下，岂不糊涂之至？你还是安心认命吧。』

梁士彦行伍出身，做事鲁莽，他认为自己无错，便四处大吐苦水。对地位比他高的人，他不仅不敬，反是多有讥笑，朝中上下对他顿生嫌恶。

梁士彦的家人担心地对他说：『此一时彼一时也，你不要再活在从前了。现在皇上疏远你，你又无官无权，做事说话不能不收敛了。你现在只求无祸，便是最紧要的事。』

梁士彦痛骂家人，谢绝所有人的劝告。他和不得志的宇文忻、刘昉等人勾结在一起，竟想杀掉杨坚，率众造反。三人之中，刘昉文士出身，梁士彦虽为身经百战的勇将，也一直未想出什么一掷即中的好法子来。本来，三人商量伺隋文帝外出祭庙，率僮仆动手驾刺。但此时的杨坚已非数十年前和他们一起喝酒、吃肉的杨坚，天子之尊，护卫千乘，一时间下不得手。

于是，三人又想在蒲州起事，『略取河北，捉黎阳仓，塞河阳路，劫调布以为牟甲，募盗贼以为战士』。策划归策划，皆空泛不能施行。

不久，梁士彦的阴谋被他的外甥裴通察觉，裴通为他痛心。一次，裴通侧面规劝他说：『一个人如果不知道自己有多大能耐，那么他就会干出无法无天的事来，这岂不是很可怕吗？所以说凡事要量力而行，否则后果就不堪设想。』

梁士彦听不出裴通的弦外之音，仍自我吹嘘说：『我当年统率千军万马，什么事情我做不到呢？可惜皇上不重用我了，这是皇上的大错啊！』

裴通试探几次，见劝他无望，于是向朝廷告发了梁士彦的谋反阴谋。

杨坚始终观察着梁士彦的一举一动，为了不背上滥杀功臣的罪名，他决定先稳住梁士彦，一待他原形毕露时，再行诛杀。

隋文帝是阴狠之人。此时，天下已平，对于梁士彦等人的造反，隋文帝并不害怕，为了『欲观其意』，隋文帝下诏派梁士彦为晋州刺史。

接诏后，梁士彦直乐得心花怒放，欣然对刘昉等人说：『这真是天意让我们成功。』于是梁士彦更加紧了谋反的步伐。他对同党刘昉说：『皇上不敢不安抚我啊，只可惜皇上醒悟得太晚了。似我这等大才之人，又岂能长久甘居人下呢？』

出发前，他又上表向隋文帝请求派心腹薛摩儿为长史一同赴任。杨坚看罢梁士彦的奏章，轻蔑地一笑说：『无知狂徒，你这是自寻死路啊！』杨坚批准了梁士彦的请求，梁士彦更加自信。他暗中命薛摩儿四处联络，只等时机成熟便公开起事。

梁士彦的二儿子梁刚劝父亲不要谋反，他哭着说：『皇上对父亲纵是千般不对，父亲也不该不忠。何况父亲人单势孤，又怎会成功呢？父亲不为自己着想，也应为家人着想啊！』

梁士彦的三儿子梁叔楷和梁士彦一样热衷权势，他对父亲说：『父亲能征惯战，无人能敌，何必委身事人？做猛虎必须称王，难道皇上都是天生的贵人吗？』

梁士彦反迹日显，杨坚这才决定收网。一次，趁百官朝见之机，梁士彦辞行，隋文帝在御座上一挥手，武士一拥而上，当即把梁士彦、宇文忻、刘昉三个人捆绑起来。

杨坚怒喝道：『尔等欲反，何敢发此意！』

三人不服。隋文帝命当庭押上薛摩儿，立时对证。薛摩儿『具论始末』，把几个人暗中谋反的事一五一十招来，细节不漏。梁士彦不得不服罪，七十二岁的梁士彦，连同三子（除梁刚外）一同牵出斩首。

隋文帝虽残忍，但念这三人均是『佐命元勋』，当初没他们就没有自己的今天，法外开恩，特恕三人兄弟叔侄之命及妾生子性命，远配蛮荒，财产田宅皆抄没。梁士彦和他的同党美梦不成，却一一丧命。

【品读】

至此，梁士彦方知自己被杨坚玩弄于股掌，但已是追悔莫及了。这个隋文帝，他先用『飞』的方法诱出对方爱好之所在。最后再用『钳』的方法控制住对方。不能不让人佩服其手段的老辣。

梁士彦在『飞』中的一切都在杨坚的掌握之中。他的失误就是没有自知之明，不能准确地给自己定位。这也是现在人们常犯的大错，由此而导致的后患是十分严重的。盲目自恃，势必要做出许多不切实际的事来，碰壁的结果就会一个接着一个，再无出头之日，到头来只能害了自己。

一二、李崇的安民术

李崇，字继长，小名继伯，北魏顿丘人。文成皇后第二兄李诞之子。十四岁拜主文中散，并继承其父陈留公的爵位。后为高祖、世宗、肃宗三朝元老，历治八州，五拜都督将军，政绩显赫，战功卓著，堪称一代名臣。

高祖即位之初，李崇任大使巡察冀州。不久以原来的官职代理梁州刺史。北魏孝文帝时，当时巴氏发生骚乱，朝廷命令李崇以镇西大将军的身份出任荆州刺史，镇守上洛，并命令征调陕、秦二州士兵护送李崇到任。

李崇被任命为荆州刺史。赴任之际，孝文帝对李崇说：『荆州屡生变乱，民心不古，朕准备调遣秦、陕二州军队护送你上任。你要多多用心，不可鲁莽行事。』

李崇推辞说：『陛下厚恩，臣不敢忘。不过臣此次赴任，不需要发兵保护。臣认为，边境百姓之所以不断叛乱，是因为当地官员不爱护百姓，完全是官逼民反所致。臣决心以诚待民，悉心安抚，消弭官民对立的祸根。』

孝文帝惊喜过望，连声叫好，动情地对李崇说：『难得你有如此胸襟和见识，有你在，何愁边患不平呢！』

于是，李崇只简简单单地带着几十个骑兵，风尘仆仆地赶到上洛，前往荆州。一路上，他的幕僚担心他的安危，小心对他说：『百姓深恨官府之人，不如我们改换便装，免得引人注意。』

李崇平静地说：『冰冻三尺，非一日之寒，要化解百姓的怨气，就不能巧用手段。何况我们堂堂正正，用不着掩饰我们的身份。』

李崇深沉有将略，宽厚善御众，镇守荆州十年，常养精兵数千，所向披靡，屡平边患，号曰『卧虎』。

南朝梁武帝久谋除李崇，屡设反间计，而世宗却更信任李崇。梁武帝曾以高官厚禄诱李崇叛投，李崇不为所动。任兖州刺史时，寿春县有个叫苟泰的人，他的三岁孩子在碰上强盗时丢失了，几年之后都还不知道孩子在哪儿。后来发现孩子在同县人赵奉伯家里，苟泰把情况写成状子向官府告发。苟泰、赵奉伯二人都说孩子是自己的，而且都有邻居作证，郡里和县里的官吏不能断案。李崇说：『这很容易弄清楚。』命令把两个父亲和孩子隔离开来，不得见面。几十天后，派人告诉他们说：『你的儿子得了病，已经突然死去。官长命令解除对你的拘留，你可以出来为儿子奔丧。』苟泰一听到这消息，便放声大哭，痛苦得不能自持；赵奉伯只是叹息几声，一点也没有悲痛的表情。

李崇知道这个情况后，便把孩子还给苟泰，并审讯赵奉伯，追究其诈骗罪。赵奉伯于是坦白说：『我有一个儿子先前丢了，所以冒领了这个孩子。』

荆州百姓见新官上任，又恨又怕，心存观望，谁也不肯接近李崇。李崇明察暗访，处处遭遇冷眼。李崇的随从抱怨说：『大人身份高贵，今日屈尊待民，他们却不知好歹，大人不必自苦了。』

李崇笑着说：『往日官员高高在上，老百姓早对他们心有成见，这岂是我一日便可改变的？只要我们有诚意，他们会欢迎我们的。』

日复一日，李崇的诚恳渐渐打动了百姓，他们说：『这个刺史与众不同，他没有一点官架子，还和我们聊些家常话，他是个好官呐。』

李崇的声望日增，官府的号令百姓也愿遵从。李崇组织生产，打击暴徒，一时，荆州面貌大变。

后来，李崇被调任为兖州刺史。兖州强盗、叛民众多，实难治理。李崇上任之时，有人便劝他向朝廷要饷要兵，说：『大人深入险地，如不严加防范，恐怕自身都难保全。从前历任官员只求自保，对剿匪一事并不用心。大人若是一心杀贼，这里的人是指望不上的。』

李崇训斥他轻视民众，他说：『要饷要兵，还用我这个刺史做什么呢？老百姓饱受贼患，只要我们当官的真心依靠他们，他们哪里会袖手旁观呢？你们把百姓当贼看待，难怪百姓不和你们一心了。』

李崇轻车简从，走访每一个村落。他访疾问苦，流着泪对百姓说：『这本是片肥沃的土地，竟让贼盗扰得我们不得安生。我李崇身为刺史，决心誓死消灭贼盗，还你们安居乐业。我请求你们帮助我，可以吗？』

李崇的真情让百姓动容，他们说：『大人为我们百姓除害，不计个人得失，我们有何推托呢？从前的官吏贪生怕死，我们是求告无门哪！』李崇为灭贼盗，广泛征求百姓的意见，李崇的下属说：『老百姓愚不可及，只有听命的能耐，他们能有什么好主意呢？大人若有打算，只管下令执行罢了。』

李崇勃然大怒，说：『民不可轻，此乃圣贤的教诲，你竟敢这样胡言吗？贼盗势力渐渐增大，这都是官府和百姓离心离德的缘故。』

李崇虚心纳言，百姓纷纷进策。一位老者主动来见李崇，献计说：『贼盗出没无常，以致人们防不胜防。老朽思忖，如能在每个村庄都建一鼓楼，上悬一鼓，哪里出现贼盗，便猛敲大鼓，这样四面村庄听到鼓声，便可守住交通要道，贼盗就难以逃脱了。』

李崇认为这个方法可行，于是下令村村建立鼓楼。他又把百姓编成队伍，轮番值守，一有情况，便行出击。此法实行不久，贼盗便纷纷落网。李崇又身先士卒，亲自上阵，百姓更受鼓舞。最后，猖獗一时的贼盗终被肃清，兖州成了安定祥和的地界。

不久，李崇又严令边防各戍，如掳掠到萧赜人，务必全部送还。萧赜人为他的恩德所感动，也把他们抓到的荆州人两百多个送回。两国边境地段恢复和平状态，不再有战争警报出现。

【品读】

鬼谷子认为：『用于人，则空往，而实来。』仅仅用语言赞美、歌颂，使对方打开心扉只是一方面，还要拿出真情来使对方被你的诚心所感动。李崇的成功就充分证明了这一点。与普通人交往，老实诚信是最重要的，在他们眼里，显示聪明、讲究谋划的人是值得提防的，不能轻易相信。当然，聪明并不等于奸诈，但外表愚厚的人还是更容易让人亲近。示人以诚信就得抛弃智计，推心置腹。如能做到这一点，便能使所有人信服。反之，用种种手段和高压措施都无法征服人心，终会徒劳无功的。

一三、祖珽『丈夫一生不负身』

祖珽是北齐时候的人，字孝征，范阳狄道（今河北定县）人。父祖莹，魏护军将军。他自幼聪明绝顶，无论什么学问才艺，一学便通，他的文章一流，辞藻刚健飘逸，懂四种夷语，又精通音律，会作曲弹琵琶，会阴阳占卜，还是当时最著名的医生，堪称南北朝时的一大奇才。人又神情机警能断事，故少有美名，为时人所推崇。

祖珽初为秘书郎，后迁尚书仪曹郎中。他深有谋略，善于断事。『丈夫一生不负身』是祖珽的座右铭，意思是：大丈夫这一辈子最要紧的是不能辜负了自己这副臭皮囊。古往今来持这种人生观的肯定不少，但能像祖珽这样以此得名的却是凤毛麟角。

在北齐，祖珽还有两个名声：放纵淫乱，惯于偷窃。祖珽好偷窃，但这很可能是他十八般武艺中较弱的一项，因此常常被人抓个正着。胶州刺史司马云家请他赴宴，祖珽见人家的铜碟漂亮，忍不住偷了两个，厨人怕承担责任，只好请求主人家搜客人的身以洗清自己，一搜，就从祖珽怀里掏出了那两个铜碟。最好笑的是有一次高欢宴请他的属僚，正喝得高兴，一个名贵的金叵罗不见了。

御史中尉窦泰大概是观察到祖珽的小动作，便请大家摘下帽子，这一摘不要紧，只见祖珽发结上绾着那只金叵罗。

可是，放纵淫乱、惯于偷窃的祖珽又是一个很有才华的臣子。他的思维机警、反应敏捷、判断准确是被当时人们所推崇的。

北齐高祖神武皇帝高欢曾经口授三十六件大事让祖珽拟诏，祖珽『出而疏（撰写）之，一无遗失，大为僚类所赏』。祖珽做官，有赖于何士开的举荐，还跟何士开一道为保太子践位立了大功。后来，却因弹劾何士开专权弄国卖官鬻爵而得罪武成帝，被囚于地牢中，眼睛几乎被熏瞎。

这时候的祖珽居然做了一桩相当有气节的事：武成帝死后，后主念祖珽保位有功，把他从牢里放了出来，任命他到海州去做刺史。

祖珽到海州刚刚上任，就遇到南陈的大举入侵，当地的老百姓也乘机起来造反。他让部下大开城门，城墙上的士兵都撤回城里面去，到隐蔽之处听命，街上禁止人类通行，连鸡们狗们也都被捂住了嘴而不能出声。

南陈军队进城时，没有看见任何人，也听不到任何声音，以为人走城空，因此放松了警惕。就在这时，祖珽一声令下，鼓号震天，海州兵民呐喊着从四下里冲将出来，同时敲锣打鼓。

南陈大军大惊，逃之唯恐不及。就被这一点点的士兵吓得四处逃窜。等到再重新集结再来攻城时，祖珽亲自率兵出城迎击。叛匪原先听说新任海州刺史是个瞎子，以为他根本无力抵抗，岂料第一次接触就中了埋伏，现在又看见祖珽跃马横枪张弓搭箭立于阵前，简直弄不清是怎么回事，遂『相与惊怪，畏之而罢』。

祖珽虽有功于后主，但后祖还是不愿意让他留在身边，后来祖珽就死在海州。有人说，这是历史上最早的空城计。但是，北齐还是很快灭亡了，因为祖珽的计策毕竟是缓兵之计，实力的悬殊让他们尝到了亡国之痛。

【品读】

祖珽虽然有劣迹，但是，神武皇帝还是任用他。其实，对于有才能没有德行的人不要埋没他的长处，只是要注意保持一定距离就可以。起用一个人才，要先观察相同和不同之处，区别议论是与非。曹操就是这种态度：只要有才，无德不怕，控制使用。

古时候的人才学很简单，德才兼备一流，有德无才二流，有才无德三流；各流再以程度不同列出品级。德才皆无者为废人，不入流。用人，一流人才是首选，二流三流各有所择，稳重本分的领导者会选第二流人才，有胆识气魄的宁用有才无德者，而不用有德无才之人。

一四、司马懿装病迷曹爽

司马懿，字仲达，河内温县孝敬里人。魏国的政治家、军事家，权臣。东汉末年，天下大乱，司马懿生在乱世中，他是司马防的次子，史书称他『少有奇节，聪明多大略，博学洽闻，伏膺儒教』。

司马懿二十岁前，素以知人善任著称的杨俊曾见过他，说他绝非寻常之子。

司马懿先后在曹操和魏文帝曹丕手下，担任了重要职位。到了魏明帝即位时，司马懿已经是魏国的元老。由于他长期带兵在关中跟蜀国打仗，魏国兵权大部分落在他的手里。后来，辽东太守公孙渊勾结鲜卑贵族，反叛魏国。魏明帝又调司马懿去对付辽东的叛乱。司马懿平定了辽东，正要回朝的时候，洛阳派人送来紧急诏书，要他迅速赶回洛阳。

据说，司马懿在襄平时，曾梦见明帝枕在他膝上，说：『视吾面。』他俯视明帝，只见面有异色。如今一见诏书此语，知道事情不妙，他昼夜兼行，从白屋到京城，四百多里，一夜而至。司马懿到了洛阳，魏明帝已经病重了。明帝把司马懿和皇族大臣曹爽叫到床边，嘱咐他们共同辅助太子曹芳。

魏明帝死后，太子曹芳即了位，就是魏少帝。曹爽当了大将军，司马懿当了太尉。两人各领兵三千人，轮流在皇宫值班。曹爽虽然说是皇族，但论能力、资格都跟司马懿差得远。开始的时候，他不得不尊重司马懿，有事总听听司马懿的意见。

但是，这样和衷共济的时间维持了只有一个多月，曹爽便坐不住了，首先发难，奏请皇上把司马懿提拔成太傅。太傅是皇帝的老师，级别和待遇很高，但没有实权。就这样，司马懿明升暗降，被『体面』地剥夺了军权，而曹爽则将他的几个兄弟都安插到重要部门，掌控了曹魏政权。

司马懿看在眼里，表面不说，暗中自有打算。好在他年纪也确实老了，就推说有病，不上朝了，闲居家中等待时机。

曹爽听说司马懿生病，正合他的心意。但是毕竟有点不放心，曹爽骄横专权，不可一世，唯独担心司马懿，他还想打听一下太傅是真病还是假病。正值李胜升任青州刺史，曹爽便叫他去司马府辞行，实际是探听虚实。司马懿何等老奸巨猾，一听说李胜来辞行，就猜出了他的来意，立刻想好了对策。司马懿早已知道来意，就摘掉帽子，散开头发，拥被坐在床上，假装重病，然后请李胜入见。

李胜走进司马懿的卧室，只见司马懿早已没有了先前率兵出征时的帅气与豪气，一副病歪歪的样子。躺在床上的司马懿一见到李胜，就要披衣坐起，但不知怎么的，他的手抖得厉害，衣服非但没穿上，反而滑落到了地上。最后还是两名侍女帮他穿好。

李胜看到这番情景，心中既暗暗高兴，又觉得司马懿非常可怜，他说：『我听说您旧病复发，但没想到病得这么厉害！我就要去荆州上任了，今天特地来向您辞行。』

司马懿张口想说话，不料一口气接不上来，张大嘴喘了半天才缓过劲儿来，说道：『并州在北方，离胡人很近，你要自己多加小心，严加防备。我这条老命已经快不行了，怕是再也见不到你了。我的两个儿子司马师、司马昭还请你多费心照顾。』

李胜一字字地说：『我去的是荆州，不是并州。』

司马懿说：『是啊，是啊，你说你刚从并州回来吗？』

李胜大声说：『是山东的青州！』

司马懿笑了起来：『是青州来的？』

李胜听了觉得好笑，又重复回答了一遍。心想，这老头儿怎么病得这般厉害？都聋了。

『拿笔来！』李胜吩咐，并写了字给他看。

司马懿似乎清醒了些，说：『我上了年纪，耳朵又背，都快成老糊涂了，难怪别人说些什么都听不懂。』

这时，侍女端来了粥，司马懿并没有用手接，而是用口去吃，又洒了满床。他就让侍女喂。他一边吃，一边故意让粥从嘴角淌下来，沾满了前胸，就像个三岁小孩一样。过了好一会儿，才说：『我老了，病得又如此沉重，怕活不了几天了。我的两个孩子又不成才，望先生训导他们，如果见了曹大将军，千万请他照顾！』说完又倒在床上，喘息起来。

司马懿见李胜走了，就起身告诉两个儿子说：『从此，曹爽对我真的放心了，只等他出城打猎的时候，再给点厉害让他尝尝。』

李胜回去后，把他看到的和听到的都原原本本地向曹爽做了汇报。曹爽听得满心欢喜，笑得合不拢嘴，拍手说道：『好！看样子这个老家伙快要不行了，我再也不用担心什么了。』从此，曹爽放松了对司马懿的警惕。

司马懿就趁此机会暗地里招募训练了三千死士，并争取到太尉蒋济、司徒高柔、太仆王观等元老重臣的支持。

正始十年，魏帝曹芳拜谒明帝高平陵，曹爽兄弟四人及其心腹率领禁卫军出城护驾。

司马懿看到机会成熟，立即展开行动。他亲自披挂上阵，带着两个儿子和从前的部下迅速占领了曹氏兵营，占据武器库，并派兵占领城南洛水上的浮桥，封锁曹爽回京的通道。然后司马懿派司徒高柔临时行使大将军的权力，占领曹爽的军营，命太仆王观行使中领军的权力。这样，司马懿就完全控制了军权。

布置完毕之后，司马懿和太尉蒋济等人联名上书魏帝曹芳，列出曹爽的种种罪状，并要求罢免曹氏兄弟的权力，如若不然，就军法处治。奏章传到高平陵，曹爽兄弟慌忙把皇帝车驾留在伊水，征发了几千名屯田兵筑寨守卫。

司马懿接二连三地派人去劝说曹爽投降，并说自己指着洛水发誓，只要曹爽交出兵权，最多革职免官，绝不治罪。

曹爽和他的兄弟在城外得知消息，急得乱成一团。有人给他献计，要他挟持少帝退到许都，收集人马，对抗司马懿。但是曹爽和他的兄弟都是只知道吃喝玩乐的人，哪有这个胆量。司马懿派人去劝他投降，说是只要交出兵权，决不为难他们。曹爽这才明白自己大势已去，只好乖乖地投降了。

曹爽等人回到洛阳，向司马懿请罪。过了没多久，司马懿就以大逆不道、企图谋反的罪名将曹爽集团全部处死，并灭其三族。

从此，魏国的政权基本上落到了司马氏手里了。嘉平三年（251年）六月，司马懿病，八月，司马懿去世，享年七十二岁。司马懿去世，他的职位由儿子司马师接替。

【品读】

曾经声名显赫的司马懿落了个大权旁落、有名无实的地步，心中自然不是滋味。但是，老谋深算的他清楚地知道，曹爽现在的势力很强大，自己一时是斗不过他的，只能暂时忍下这口气，以后有机会了再把大权夺回来。于是，他不动声色，借装病暗中积蓄力量，这一装就是八九年的时间。曹爽最后败在司马懿手下，就是被司马懿的假象所迷惑。任何事物和人都有内外之辞。内是实质，外是表面，也就是所说事情的反正两面。而聪明的人，往往就会利用这点，伪装起来而达到欺骗对方的目的。要想不被对手控制，就要学会及时识破对方的伪装。

司马懿用病作伪装战胜了曹爽。这从另一个方面说明：装病也是制服对方的一种手段。是道家以柔克刚的应用。柔以克刚，弱以藏强，以柔为挺，以柔为进，这是柔的实质。自古多少名将对此津津乐道，而且屡试不爽。天地之道，刚柔互用，这是哲学问题，是一种实践，还是一种战术。懦弱之人可能挺柔为刚，硬汉子也可能摧刚为柔，这要看处于何种特定情境。聪明的人处世，柔是为了蓄势，刚是为了进击。

一五、临终之计保家人命

姚崇，原名元崇，字元之，陕州硖石人。武则天时，因与一反叛突厥人同名，故而以字行。开元元年，因避年号讳，又改名崇。

他曾经历事武则天、唐中宗、睿宗、玄宗诸朝，任宰相，多次出任地方长官，为唐朝前期一大名臣。姚崇自幼为人豪放，崇尚气节，才干出众。进入仕途后，一帆风顺，青云直上。武则天时，官做到了夏官郎中。

这时东北的契丹族不断侵扰中原，武则天一再派大兵抵御，因此兵部的事务特别繁忙。姚崇的才干至此得到了充分的发挥，纷繁复杂的事务，到了他的手里，处理得干净利索，井井有条。兵部是中央机关，消息很快传到武则天耳里。武则天很是爱才，她很赏识姚崇的才干，立即提拔他为兵部侍郎。

姚崇有两个儿子在东都做官，知道魏知古是自己父亲提拔过的，就走魏知古的后门，谋取私利。魏知古到长安时，将他们的所作所为，都报告给了玄宗。

有一天，玄宗与姚崇闲谈，顺便问道：『你的儿子才能与品德怎样？现在做什么官？』

姚崇十分机敏，一下子就猜透玄宗的话中有话，就采取主动，答道：『我有三个儿子，两个在东都，为人贪欲而又不谨慎，必定会走魏知古的门路，不过我还没有来得及问他们。』

玄宗原以为姚崇要为儿子隐瞒，在听了姚崇道出真情后，很是高兴。玄宗又问姚崇，他是怎么知道的。姚崇说：『在魏知古社会地位很低时，我保护过他，提拔过他；我的儿子蠢得很，以为魏知古必定因为感激我而容忍他们为非作歹，故而去走他的门路。』

玄宗听了，认为姚崇为人高尚，而鄙薄魏知古，觉得他有负于姚崇，要罢他的官。姚崇又请求玄宗说：『我的儿子胡闹，犯了法，陛下赦免他们的罪已是很万幸了，若是因为这件事而罢魏知古的官，天下必定以为陛下出于对我的私人感情而这样做，这就会连累到陛下的声誉。』所以，魏知古仍然还是左迁为工部尚书。

姚崇和在京城外做官的张说历来不和，平素为敌。

张说，文学家。字道济，一字说之。原籍范阳，世居河东，徙家洛阳。武后策贤良方正，张说年才弱冠，对策第一，授太子校书。

开元元年，玄宗打算任命姚崇为宰相。宰相张说知道此事，出于嫉妒，指使别人对他进行弹劾，玄宗不听。张说又指使人向玄宗建议，派姚崇去当河东总管，此举又被玄宗识破，提建议的人差一点丢掉脑袋。

姚崇当上宰相，张说恐慌起来，想走玄宗的一个弟弟岐王的后门。姚崇知道后，他要抓住这件事对张说进行报复，但又不直接加以揭发。

一天，已经罢朝，朝臣们都已离去，姚崇独自跛着脚作有病状，玄宗叫住他，问他是怎么回事。他说：『我的脚坏了。』

玄宗又问：『痛吗？』

姚崇答道：『痛苦倒不是在脚上，而是在我心里。』

玄宗被弄糊涂了，又问：『这是什么意思？』

姚崇说道：『岐王是陛下的爱弟，张说是辅佐大臣，他们秘密乘车出其家门，恐怕要坏事啊！所以我很担心。』

张说宰相当不下去了，被贬为相州临漳县西南刺史。在姚崇的同时代人中，张说也是出类拔萃的人物，可是他们二人之间的关系始终是钩心斗角。

姚崇临死这一天，把他所有的儿子叫到床前，嘱咐说：『我死后，张说必然会重回朝廷执掌大权，他恨我入骨，到时候只怕报复你们啊。』

儿子们哭泣起来。

姚崇喘息着说：『你们先别哭，我有一计，可消除此灾。』

儿子们立刻睁大眼睛，停止哭声。

姚崇就把自己的计策对孩子们说了，又叮嘱了一番，这才放心地咽下了最后一口气。

姚崇死后，他的儿子们遍发讣告。张说刚好入京办事情，就乘机来到姚家，想看一看死后的对手，以泄心头之恨。姚崇的灵座之前，放着珍玩宝器，这是姚崇的儿子们遵照他之意特意摆设的，其目的就是想对付张说所用。

此时，张说见了这些宝物，爱不释手，说：『东西虽在，人却没有了，倒叫我睹物思人呢。』

姚崇的儿子立刻上前，按照姚崇所教的话，说：『大人乃是当代奇才，文满天下。我父亲早有遗嘱，他的碑文一定要请大人写就，他方可心安。若大人应允，这些宝物权当致谢。』

张说一听，喜出望外，他没有多想，马上就答应下来。他回到住处，立即就写下碑文，刚刚写好，姚崇的儿子们就把宝物送来了。张说交出碑文，收下宝物，心中狂喜不已。

姚崇的儿子收到碑文，一见张说所写的都是歌功颂德之词，看见他走进父亲设的圈套里就暗自高兴，忙连夜找人刻写。

第二天，姚崇的儿子又把碑文原稿速交玄宗皇帝，请其御览。玄宗皇帝对文稿的文采和褒美之词大加赞赏，说：『姚崇之贤，如此之美，可谓名至实归、相映成趣了。』

听到玄宗皇帝的夸奖，张说忽有所悟：自己与姚崇有仇，如今写文说他的好话，以后就报复不了他家人了。否则就是自相矛盾，皇上也会怪自己表里不一。张说想到此，忙向姚崇的儿子要碑文原稿，他们说文稿已让皇帝看过认可，石碑也已刻成。张说顿足后悔不迭，方知中了姚崇的圈套。

以后，张说果然又获重任，返回朝廷当了大官。他虽有心报复姚崇的家人，但无奈他写的碑文已被传遍天下，为求一致，他不仅不能加罪于姚崇的儿子，还不得不违心地对他们加以提拔。只能暗自叫苦。

姚家的人终于保住了性命。姚崇的灵魂在九泉之下也安心了。原来，他在临终前对儿子们说了这么一番话：『你们在我的灵座之前，放上宝物，张说吊唁之时，若对这些东西视而不见，就可知他必然报复，你们必须马上逃走，以避灾祸；如果张说贪恋宝物，就可知他见利忘恨，尽可以收买。你们请他写一篇碑文，就说是我的叮嘱。然后将那些宝物做酬劳致谢。切记，你们请他速速写后，再呈给皇上看，一切都在一个快字，否则，以防张说有悔，你们的大祸临头。』

【品读】

作为旧时宰相，姚崇敢于面对现实，勇于冲破传统观念，坚韧不拔，政绩可观，是很值得称道的；但在涉及他的为人品德方面，就不那么始终如一了。所以史书批评他『权谲』，就是好弄权术的意思。姚崇既精于吏治，又谙于权术。他凭借着玄宗的信任，入相不到两个月，就将张说挤出中枢。张说被降为相州刺史。有些时候，人为了达到目的，谋划不讲究手段，早做准备，这样才可以成功。

聪明的人想要达到自己的目的，可先用金钱试探对方，然后来确定你的下一步行为。因为人受自己功利心的牵引，所以，不管手段的卑劣和恶毒，只要行之有效，就拿来一试，这种做法虽然不可取，但对于那些势利小人来说，也是一种可以实施牵制的一种好计策。

一六、抓住为你说话的男人

想要当皇后的武则天，欲寻一位要为她登上皇后宝座的代言人，许敬宗便被选中。此人曾经跪在杀父仇人脚下乞求活命，所以，他的人品一直不被人看好。

许敬宗在朝廷中掌管武器、车马等，他一直想大展拳脚，怎奈受到宰相长孙无忌的排斥，使他始终找不到机会。但他却贼心不死，他对最近后宫的演变观察得非常仔细，当柳奭自动放弃了宰相之位，他就看出皇后不再有希望，而新崛起的武媚娘前途无限。

事实上对他来说，谁是皇后都不成问题。他的如意算盘是：迅速地和没有任何官僚支持的武媚娘联合作战，送给她一份人情，并和她内外呼应，向长孙无忌等人挑战。

也就在这时，武媚娘派母亲杨氏带着礼物来许家拜访，武媚娘选择许敬宗是经过深思熟虑的，她猜透了他的想法，才让母亲杨老太太带着黄金白银来到许府。杨老太太向他转达武氏的意思，说王皇后在宫中大搞厌胜之术，皇上想改立武媚娘为新皇后，但遭到太尉长孙无忌等人的反对，杨老太让许敬宗到太尉府去说服长孙无忌，并哄他说这是皇上的意思。

许敬宗当场表示愿意当这马前卒，即使失败，他也毫无怨言。许敬宗来到长孙无忌家，提出立武媚娘为后一事，遭到长孙无忌的痛斥。武媚娘通过情报网知道此事，立刻派人给许敬宗送去大笔金银布帛，两人之间有了默契，在等待时机。

这期间，武媚娘也加紧了对李治的温柔攻势，提出立她为后的要求。许敬宗私下联合几个对长孙无忌派有反感的人，其中有他的外甥王德俭，这个人诡计多端，他给许敬宗出主意，说要想立武媚娘为后，必须上书，但此差使有风险，两人就物色到一个叫李义府的人，因得罪了长孙无忌，马上要被贬官离开朝廷。李义府听王德俭一说，就抱着赌一把的心态答应了。

在李治的寝宫里，李义府把奏文给李治看，其意思是废除王皇后，立武媚娘为新皇后。李治十分高兴，终于有人替武媚娘说话了。和皇上秘密会谈的结果非常好，李义府不但得以取消被贬的命令，留任现职，皇上还对他说，今后要他更加积极地为武媚娘立后的事奔波。退出时，李治为嘉奖李义府的『忠诚』，命令太监赐珠玉一斗，是出乎意料的庞大数目。

李义府回家后，很快，武媚娘的密使来访，转达武媚娘的慰问与鼓舞之意，他十分感动。

同时，武媚娘也对许敬宗『投之以木瓜，报之以琼瑶』，她在后宫里，频频在李治的耳边吹风说，要他提拔许敬宗、李义府的职务。武媚娘深信，有一人肯站出来为她说话，只要自己积极行动和把握，就不愁有千百人站出来响应。而目前，最主要的是提升为她说话的人，表明顺我者昌的态度，让他们以后好死心塌地地为她卖命。

李治经不住武媚娘的百般劝说，只好点头同意，让许敬宗官复原职，做礼部尚书，李义府升为中书侍郎。

正如武媚娘所料，很多人通过李义府的升迁看到了新的希望，纷纷和李义府等人站在一起，成为拥护武媚娘的保护派，在短短的时间里，拥护武媚娘的阵容逐渐壮大，最后终于如愿以偿，使武媚娘被册封为皇后。

【品读】

武媚娘是聪明的女人，她懂得用权力绑住男人是最牢固的方法，男人是权益的奴隶。她会借用别人权力库里的东西给他们，这是借他人之力施己恩，借花献佛。当然，这借是与她了解对内对外的各种进言、掌握其真假分不开的。只有了解了男人的一切活动，她才会对他们充分利用。这样，男人们会慕名而来，投在她身边效命。利用男人的资源，快速达到自己的目标，这正是驭人的飞钳之术。

【本章释评】

飞钳之术是一种智谋手段，用此来了解别人，并让对方为我所用，关键是用语言来试探，抓住对方的内心世界的脆弱，然后加以利用。这种智谋虽然一直被君子所诟病，但却不可否认，是一种行之有效的游说之道。《战国策》中蔡泽游说范雎，可以说是飞钳之术的典型案例，蔡泽刚一进入秦国就放出风来说，如果他见到秦王，秦王一定会让他做宰相，因为他比现在的宰相范雎更有才能。蔡泽放出的这些话，自然会传到范雎的耳朵里，这种放风的做法就是『飞』，范雎找到了蔡泽，很生气地责问他，蔡泽不慌不忙地对范雎讲了一番功成身退的道理，又列举了公孙鞅、白起等人虽然功高盖世，却不得善终的下场，最后说服了范雎，范雎主动将宰相之位拱手让给了蔡泽，蔡泽所运用的正是飞钳之术。

第六章　忤合①第六

【阅读提示】

一、论述实行忤合之术的必要性。所谓『忤』，就是意见相互抵触，而彼此背离。所谓『合』，就是意见契合而走到一起，这其中包含了『世无常贵，事无常师』的辩证法，也就是实行忤合的必要性。

二、如何实行忤合之术，那就是周密地了解情况，认真谋划，然后行动。

三、历史上运用『忤合之术』所取得的成功的范例，并且阐明了实行『忤合之术』的主观条件。

凡趋合倍反②，计有适合。化转③环属④，各有形势⑤。反复相求，因事为制⑥。是以圣人居天地之间，立身、御世、施教、扬声、明名也，必因事物之会，观天时之宜，因之所多所少，以此先知之，与之转化。世无常贵，事无常师。圣人常为，无不为，所听，无不听。成于事⑦而合于计谋⑧，与之为主⑨。合于彼而离于此，计谋不两忠⑩，必有反忤。反于是⑪，忤于彼；忤于此，其术也，反于彼。用之天下，必量天下而与之；用之于国，必量国而与之；用之于家，必量家而与之；用之于身，必量身材能⑫气势而与之。大小进退，其用一也。必先谋虑，计定⑬而后⑭，行之以忤合之术⑮。

①忤合：忤，抵触、背逆的意思。合，符合，不违背的意思。忤合，在这里是指以忤求合，先忤后合。

②趋合倍反：趋合是趋向合一的意思，相当于『合』；倍反是背逆之意，相当于『忤』。倍，同『背』，通假字。

③化转：变化转移。

④环属：像铁环一般连锁起来，一环扣一环，没有裂缝。

⑤形势：事物发展变化的态势、状况。

⑥因事为制：因，依据、凭借；制，法则，法度，控制。这里指应根据实际情况进行控制和管理。

⑦成于事：把事情办成功。

⑧合于计谋：实现或符合预定的计谋。

⑨与之为主：与之，与他们。为主，为的是主人。指都是各为其主。

⑩计谋不两忠，必有反忤：忠，忠实；反，背反，忤，抵触，背逆。任何计谋都不可能同时忠于两个主人，必然要互相抵触，出现矛盾。

⑪反：如果与此种情况相反，此处当顺从讲。

⑫材能：才质和能力。

⑬计定：确定好的计谋。

⑭而后：然后，以后。

⑮忤合之术：忤，抵触，违背，彼此思想不合而背离，即背反。合，闭合，符合，适合，计谋相合，亲密无间。即指趋向相反的对立之术。

古之善背向者，乃协四海、包诸侯，忤合①之地而化转之，然后以之求合②。故伊尹③五就汤④，五就桀⑤，而不能有所明，然后合⑥于汤。吕尚⑦三就文王、三入殷，而不能有所明，然后合于文王。此知天命之钳⑧，故归之不疑也。非至圣达奥，不能御世；不劳心苦思，不能原事；不悉心见情，不能成名⑨；材质不惠，不能用兵⑩；忠实无真，不能知人⑪。

①忤合：逆与合。

②合：耦合，相一致。

③伊尹：古代历史人物，曾经辅佐商汤消灭夏桀，是商朝的开国名相。

④汤：商朝的开国之君，重用伊尹消灭夏桀，开创了商王朝，推行善政，是儒家推崇的古圣先王。

⑤桀：古代历史人物，他是夏朝最后一个暴君，被商王汤消灭。

⑥合：契合。

⑦吕尚：即太公望，辅佐周文王、周武王，是军事家、谋略家，对周朝的建立贡献极大，是齐国的始封主。

⑧天命之钳：钳，钳制、制约。上天之命的制约。

⑨成名：树立名声。

⑩兵：这里指军队。

⑪知人：了解他人。

故忤合之道，己必自度材能知睿，量长短、远近孰不如，乃可以进，乃可以退；乃可以纵，乃可以横。

【译文】

大凡联合与对抗的行动，都有相应合宜的计策。变化和转移就像铁环一样环环相扣，互相连锁而不中断。然而，变幻着的事物各有自己的具体情况，彼此间有着互相依赖的关系，要根据实际情况进行处理。圣人生活在世界上，立身处世是为了教化大众，扩大影响，进而宣扬名声。他们必须根据事物之间的联系，来观察天时，抓住有利时机，根据国家哪些方面有余、哪些方面不足的情况，据以先把握实质，并设法促进事物向有利的方面转化。世上不存在永远显贵的事物，事物本身也没有永恒的师长和榜样，圣人常常是无所不做、无所不听。想办成要办的事，重要的是不违背预定的计谋。如果为了自己的君主，合乎这一方的利益，就要背叛那一方的利益。凡是合用的计谋不可能同时忠于两个对立的君主，必然违背某一方的意愿。合乎这一方的意愿，就要违背另一方的意愿；如果把这种『忤合』之术运用到天下，才可能合乎这一方的意愿。这就是所谓的『忤合』之术，主要的方面是把全天下都放在『忤合』之中来权衡考虑。如果把这种『忤合』之术用到某个国家，就必然把整个国家放在『忤合』之中权衡之；如果把这种『忤合』之术运用到某个家族，就必然要把整个家族都放在『忤合』之中权衡之；如果把这种『忤合』之术用到某一个人的身上，就必然要把这个人的才能、气度、质素都放在『忤合』之中权衡之。总之，运用『忤合』之术的范围或大或小，它的功用是相同的。所做之事都要经过预先的谋划、分析、计算之后，才能实行『忤合』之术。

古代那些善于以背离一方、趋向另一方而横行天下的人，常常驾驭着四海之内的各家势力，控制各个诸侯，在『忤合』之中促成转化，然后达到『合』于圣贤君主之目的。过去伊尹五次臣服于商汤，五次臣服于夏桀，然后才决定一心臣服商汤王。吕尚三次臣服于周文王，三次臣服于殷纣王，其行动目的仍未显露于世人，最后归服了周文王。这就是懂得天命的制约，所以才能归顺一位明主而毫不犹豫。如果不具备高尚的品德、超人的智慧，那是不能驾驭天下的；如果不用心冥思细想就不可能揭示事物的规律；如果不能全神贯注地考察事物的实情，就不可能功成名就；如果才能、胆量有所不足，就不能统兵作战；如果只是愚忠呆板而无真知灼见，就不可能有察人之明。所以，『忤合』的规律是：首先估量自我的聪明才智，度量自身的优劣长短，分析在远近范围之内自己还比不上谁。这样就可以前进，也可以后退；可以合纵，也可以连横了。

鬼谷智囊

一、『合纵』之祖——苏秦

我国传统上有『三教九流』之说，九流之中有一派叫作『纵横家』。战国时期，所谓的『纵横家』，不外乎两个人，即苏秦、张仪。二人皆为『鬼谷子先生』的门生，施展『合纵』『连横』之术，将战国晚期各诸侯及天下形势掌握于股掌之中。

苏秦字季子，东周洛邑人，年幼之时，曾与张仪在颍川阳城拜鬼谷先生为师。学业成就之后，曾先后去东周和秦国请求出仕欲施展抱负，不想均未被录用。苏秦得到如此待遇，却未『心灰意冷』，反而回到故里，更加勤奋地学习。

在家里读书的一年多时间里，苏秦头悬梁、锥刺骨，刻苦攻读有关兵法、医学、经济和法令等方面的书籍，对当时各国的具体形势做了充分的研究。

当时，列国之中，齐、楚、燕、韩、赵、魏、秦最为强盛，而七国之中又首推秦国最强。于是，苏秦经过反复思考，初步形成了一个促成六国结盟以共同对抗秦国的战略思想，即『合纵』。出于对自己新战略思想的自信，苏秦再次离开家乡，到各国游说。谁知他这一去，使中国历史上多了『纵横家』一流，而且更可以说是改变了历史的格局。

苏秦辞别故乡之后，首先来到相对来说最为弱小的燕国。晋见燕文侯，他对燕文侯陈述了燕国与其他国家结盟的必要性，所谓『夫不忧百里之患而重千里之外，计无过于此者』。于是，苏秦建议燕侯先与赵国结好，然后再与其他各国联盟抗秦，这样，燕国就能保证安全了。

他出色的口才和一语中的的言论打动了燕文侯的心，于是燕文侯拿出车马、金帛，助他去赵国游说。

苏秦来到赵国之后，便以燕国使者的身份晋见赵侯。他向赵肃侯指出，秦国强大，早就有入侵中原之念。凭借各国的实力，都难以单独抵抗强秦，如若各国都争相讨好秦国，将来势必被秦国各个击破。若各国联合，则『地五倍、兵十倍于秦』，攻一国而各国援助，则秦虽强，亦不敢轻举妄动。各国亦可相安无事。因此，苏秦请赵侯出面倡议六国合纵抗秦。赵侯当即就采纳了他的建议，并且拜苏秦为相国，派他去游说各国，以订立合纵盟约。

苏秦遂又以赵国使者的身份，去其余各国说以利害，并成功地得到各国君主的赞同。回到赵国之后，被封为武安君。至此，苏秦可谓是『不鸣则已，一鸣惊人』。单凭自己那三寸不烂之舌，竟促成了前所未有的六国同盟。他的身价也随之提升百倍。

不久之后，六国国君于赵国洹水（今河南境内）之上，歃血为盟，合纵抗秦。封苏秦为『从约长』，佩六国相印。并派人将六国盟约之事向秦国通报。自此之后，秦国竟有十五年之久不敢越函谷关『雷池』一步。

秦国得知六国合纵抗秦之后，大为吃惊，随后，秦惠文王采纳了大臣们的建议，用软硬兼施的方法引起六国之间相互猜疑，以拆散合纵。首先派人去最近的魏国，归还了从魏国夺来的几座城池，然后又派人去最远的燕国，将女儿嫁给了燕国太子。于是，魏、燕两国同秦国和好起来。

赵侯得知之后，责问苏秦为何会出现这种情况。苏秦十分惶恐，立刻出发，去平息这场同盟中的『内乱』。苏秦首先又来到燕国。此时，燕文侯已死，太子即位，是为燕易王。齐国趁燕国办丧事之机，进攻燕国，连克城池十余座。

燕王便以齐国归还城池为条件，命苏秦以『从约长』的身份出使齐国。如若齐国归还城池，燕国便同秦国断绝来往。

苏秦去齐国，晋见齐威王，先行祝贺之礼，接着又行哀悼之礼。齐威王不解，问其原因。苏秦说：『人饿得再厉害，也不会去吃有毒的乌头籽，吃得越多，死得也就越快。燕和秦是联姻之国，齐国占领燕国的城池就等于是与强秦结下了仇怨。这就如同饥饿之人去吃乌头籽一样！齐国实在是大难即将临头。』

齐威王闻言大惊，忙向苏秦请教解危之法。于是苏秦就建议齐威王归还夺来的城池，这样燕王喜欢，秦王也一定会高兴。齐威王以之为是，竟然立刻照办。

苏秦要回了燕国被齐国占领的城池，他回到燕国之后，又受到了燕王的封赏。这却引发了一些嫉妒他的人在燕王面前说了他许多坏话。

苏秦见自己再待在燕国很不安全，就假装得罪燕王，逃到了齐国。齐威王用他为客卿。谁知，齐国一些疑忌他的大臣竟然雇用刺客向他行刺。临终之前，他向齐王建议，在他死之后，以大罪车裂于市，并悬赏行刺之人，这样就一定能抓到刺客。齐王依计行事，果然不久刺客就伏法就诛。一代纵横家也就以这样惨壮的形式结束了他传奇的一生。

【品读】

鬼谷子认为：『大凡联合与对抗的行动，都有相应合宜的计策。变化和转移就像铁环一样连锁而无中断。』苏秦是鬼谷子的学生，他毕生游走于六国之间，纵横捭阖，六国君主无不被苏秦掌握与股掌之中，他的『合纵』计策正是实践了鬼谷子的这一理论。

二、讲义气的专诸

专诸是吴国堂邑人。楚国大将伍员，字子胥，因父兄被楚王枉杀，逃离楚国来到吴国，与专诸成了朋友。

伍子胥晋见吴王僚后，用攻打楚国的种种好处来游说他攻楚。这时，吴王僚的堂弟公子光说：『伍员的父亲、哥哥皆被楚王所杀，伍员这才逃到吴国来，他所讲的攻打楚国的策略，都是为了报他的家仇，并不是真心地替吴国打算。』吴王僚听了公子光的话，就不再议伐楚的事情了。

伍子胥知道公子光一直对吴王僚继承王位不满，打算杀掉吴王僚，但又无从下手。于是，他就把专诸推荐给公子光。

原来，公子光是吴王诸樊的儿子，诸樊有三个弟弟：按兄弟次序排，大弟弟叫余祭，二弟弟叫夷昧，最小的弟弟叫季札子。诸樊知道季札子贤明，就不立太子，想依照兄弟的次序把王位传递下去，最后好把国君的位子传给季札子。诸樊死去以后王位传给了余祭。余祭死后，传给夷昧。夷昧死后本当传给季札子，季札子却逃避不肯立为国君，吴国人就拥立夷昧的儿子僚为国君。

公子光认为，如果按照兄终弟及的次序，理当立最小的叔叔季札子为吴王，如果一定要把王位传给儿子的话，那么只有自己才是吴国真正的继承人，所以公子光一直对吴王僚心怀不满，伺机想要杀死他，自立为吴王。所以，他经常秘密地供养一些有智谋的人，以便靠他们的帮助夺回王位。

伍子胥看透了公子光的心思，他就把胆识过人的专诸介绍给公子光，公子光得到专诸以后，待如上宾。

吴王僚九年，楚平王死了。这年春天，吴王僚想趁着楚国办丧事的机会，派他的两个弟弟公子盖余、属庸率领军队包围楚国的灊城，派延陵季子到晋国，用以观察各诸侯国的动静。

但是，楚国出动军队，断绝了吴将盖余、属庸的后路，吴国军队被困在楚国境内，不能回国。

这时，公子光认为他一直等待的机会来了，他对专诸说：『这个机会不能失掉，不去争取，哪会成功！况且我是真正的继承人，应当立我为国君，季札子即使回来，也不会废掉我呀。』

专诸说：『僚是可以杀掉的。他的两个弟弟带着军队攻打楚国，楚国军队断绝了他们的后路。当前吴军在外被楚国围困，而国内没有正直敢言的忠臣。这样，吴王僚他还能把我们怎么样呢？』

公子光当下就跪在地上，以头叩地对专诸说：『从此之后，我公子光的身体，也就是您的身体，您身后的事一切都由我负责了。』

这年四月丙子日，公子光在地下室埋伏了身穿铠甲的武士，备办酒席宴请吴王僚。吴王僚派出卫队，从王宫一直排列到公子光的家里，门户、台阶两旁，都是吴王僚的亲信，夹道站立的侍卫，手中都举着长矛。公子光陪着吴王僚在正堂中喝酒，两个人喝到畅快的时候，公子光假装脚有毛病，进入地下室，让专诸把『鱼肠剑』放到烤鱼的肚子里，然后把鱼晋献上去。

专诸以庖厨的身份端着烤鱼来到王僚跟前，专诸掰开鱼身，趁机拿出暗藏在鱼腹中的鱼肠剑，刺向吴王僚，吴王僚躲闪不及，当场毙命。他的侍卫人员也举着长矛，从背后刺穿了专诸的身体。吴王僚被杀，吴王僚手下的众人乱成一团。公子光趁机放出埋伏在地下室里的武士，将吴王僚的部下全部消灭。

剪除了吴王僚之后，公子光自立为国君，这就是历史上赫赫有名的吴王阖闾。阖闾封专诸的儿子为上卿。从此，阖闾将鱼肠剑函封起来，永不再用。

【品读】

专诸本来是一介布衣，却因为刺杀吴王僚而一举成名。刺杀国君，本来是犯上作乱的事情，但是，历史本来就是『成者王侯败者贼』的成例，专诸也因为公子光篡位成功而有功于社稷，名垂青史。按照鬼谷子在『忤合』中的观点，合乎这一方的利益，就要背叛那一方的利益。专诸为了效忠公子光，就必然要背叛吴王僚，专诸为了自己的君主而舍弃了生命，这也可谓忠义之举。

三、不守信用的齐襄王

春秋时期，齐国联合宋、鲁、陈、蔡四个诸侯国攻打卫国，卫国被攻陷后，齐国诸侯齐襄公担心周王会兴兵讨伐，于是，就派大夫连称为将军、管至父为副将，统领兵马驻扎在葵丘这个非常偏远的地方戍守。

二位将军临行前请示齐襄公道：『戍守边疆虽然劳苦，但是作为您的臣子，我们不敢推辞，只是希望主公您给我定一个期限，我们去驻守边境，主公以什么为期限呢？』

当时，齐襄公正在吃瓜，就顺口回答说：『现在正是瓜熟时节，等到明年瓜再成熟的时候，寡人会派遣别人来替代你们的。』

二位将军领了齐襄王的命令，带兵前往葵邱驻扎。时光荏苒，一年的时间不知不觉地过去了。由于军务繁忙，二位将军把临行前和齐襄公的约定也渐渐地忘在脑后了。

忽然，有一天，手下的兵卒向二位将军进献刚刚成熟的甜瓜，让他们尝尝新鲜。这时，二位将军才想起去年和主公之间的『瓜熟之约』，强烈的思乡之情不禁油然而生。

他们在心里不禁犯起了嘀咕：『此时正该换防，不知道主公会派谁来替代我们呢？』于是，二位将军就特地差遣一名心腹，前往国都打探情况，这时候，齐襄公正跟他同父异母的妹妹文姜勾搭在一起，整天在一起寻欢作乐，不理朝政。

这位文姜，是齐国国君齐僖公的女儿，以才华著称于当世，当年曾经把她许配给郑国，但是，郑国以『齐大非偶』为理由，退掉了这门亲事。其实，这时候，文姜已经有了她自己心中的情人，这个情人就是她的兄长世子诸儿。但是，这段乱伦之恋不可能得到认同，后来，文姜被父亲嫁到了鲁国，成了鲁桓公的夫人，并为鲁桓公生育二子。

文姜嫁到鲁国的第十五个年头，诸儿已经即位，成为齐襄公，作为齐侯，他决定向周王姬求婚，并按照周礼，邀请和周天子同姓的鲁国国君桓公来代为主持。

文姜听说哥哥要娶亲的消息，便要求和丈夫鲁桓公一起去齐国，鲁桓公不顾大臣反对，答应了文姜的请求。在齐国，文姜和诸儿旧情复燃，她留宿齐宫，彻夜不回鲁侯居住的驿馆，鲁桓公为此大为恼火，并斥责了妻子。

不想文姜转而向兄长齐襄公告状，为了达到和妹妹长相厮守的目的，齐襄公起了杀心。他设宴款待鲁桓公，同时交代公子彭生在送鲁桓公回驿馆的路上将其杀死。

鲁桓公死后，文姜便频频来往于齐鲁之间，与兄长齐襄公纵情淫乱。

二位在外辛苦戍边的将军听说了大王如此无耻的行径，非常气愤，他们暗想：『大王您在国都享尽人间富贵荣华，骄奢淫逸，却让我们在边疆吃苦受累，用生命保护你的安全，却想不到派人来替代我们，这简直太不公平了！』于是，两个将军商量了一个办法，派人向齐襄公献上刚成熟的瓜，希望主公看到这成熟的瓜，就能想起他们临行前的约定，然后就会派别人来接替他们驻守边防。

可是，当两位将军派人送瓜献给齐襄公的时候，齐襄公看到瓜顿时大怒，他说：『派不派人替代他们，是我的权力，什么时候让他们回来，也应该是我说了算，他们怎么胆敢派人送瓜来提醒寡人？既然他们派人来请求，那就等到明年瓜再熟的时候吧！到了那个时候，寡人方可派人去替代他们！』

消息传到边境，二位将军听了回报，气得咬牙切齿，当即密谋起兵造反。随后，又派人回到都城，暗地里与公孙无知联合，然后起兵谋反，杀死了齐襄公，拥立公孙无知为新的国君。

【品读】

一代君主齐襄公，只是因为不讲诚信，违背诺言，惹得将军造反，葬送了身家性命，下场非常可悲。这其中的悲剧是因为齐襄公不懂得，君王的权力也要受到天命的制约，如果不具备高尚的品德、超人的智慧，是不能驾驭天下的，齐襄王乱伦淫乱，言而无信，最后为自己埋下了祸根，直接导致了被杀身死的下场。

四、卫国的州吁之乱

卫庄公娶了齐国太子得臣的妹妹为妻，卫国人称她为庄姜。庄姜容貌美丽，但是没有生下儿子，庄公又从陈国娶厉妫为妻，生下孝伯，但是，孝伯很小就死了；厉妫的妹妹戴妫生了桓公，庄姜便把桓公当作自己的儿子看待，对他非常好。

公子州吁是庄公宠妾的儿子，很受庄公的宠爱，一直想立州吁为太子，州吁喜欢武艺，庄公也从不禁止他。但是，庄姜很讨厌州吁，总是认为州吁将来一定不会成大器。

大夫石碏劝告卫庄公说：『我听说宠爱儿子，是要用道义来教导他，以免走上邪路。骄横、无礼、违法、放荡，是走上邪路的开始。这四种恶习的养成，是因为过度的宠爱和享受造成的。如果您打算立州吁为太子，就请您好好教导他，不要放纵他，以免养成恶习，如果恶习养成，一定会逐渐酿成祸害的。』

可是，石碏的话庄公根本听不进去，仍然还是宠爱着小儿子州吁。石碏的儿子石厚常常跟州吁来往，石碏不允许石厚跟州吁来往，但是石厚却不听父亲的话。

后来卫桓公即位，石碏就告老辞官回乡了，后来，在鲁隐公四年的春天，州吁篡位，杀了卫桓公，自立为国君。

当时鲁隐公正打算跟宋殇公会面，以重申过去订立的盟约。还没到约定的日子，卫国人就来报告说发生了叛乱。鲁隐公问大夫众仲：『卫国的州吁能成就大事吗？』

众仲回答说：『我只听说过用德行来获得民心，没有听说过靠作乱来治理国家的。靠作乱治理国家，就好像是想要把丝理顺，却用搅乱的办法一样。那州吁不得民心，只是依仗武力和残忍暴虐的统治来制服百姓。依仗武力不能得人心，残忍暴虐不能得亲信，众叛亲离，就难以成功了。武力就像大火一样，不加以控制，就会烧到自己。州吁杀了他的国君，虐待自己的百姓，不致力于修德养善，反而要靠作乱的方式夺取君位，一定避免不了祸乱。』

州吁终究不能获得民心，石厚向父亲石碏请教怎样才能使君位安定，石碏说：『州吁如果能朝见天子，那就能取得合法的地位了。』

石厚又问：『怎样才能得到天子的接见呢？』

石碏说：『陈桓公现在很受天子宠信，陈国和卫国现在关系也很友好，如果去拜见陈桓公，让他代为请求，那就一定能够朝见天子。』

石厚跟着州吁到了陈国。石碏派人告诉陈桓公：『卫国地域狭小，老夫我也老了，难以有所作为。这两个人确实杀死了我们的国君，请贵国趁此机会设法对付他们。』陈国人便把州吁和石厚抓了起来，然后请卫国派人前去处置。九月，卫国派右丞相丑到陈国，在濮地杀了州吁，石碏派家臣羊肩到陈国杀了石厚，从此之后，历史上一直流传着石碏大义灭亲的典故。

【品读】

卫庄公宠爱小儿子州吁，但是大夫石碏早就发现州吁难成大器，很早就对国君提出过劝谏，这就是『忤』，如果卫庄公能够及早地采纳石碏的建议，防微杜渐，也许不会酿成后来的州吁弑君的惨祸。

当州吁弑君篡位之后，他又设巧计除掉了州吁，最让人难以置信的是，他的儿子石厚是州吁的死党，石碏并没有因为自己的儿子在州吁的身边而投鼠忌器，石碏为了卫国百姓舍弃了自己的儿子，这种舍小求大即为『合』。所以，有人评论说：『石碏真是一位忠贞不贰的臣子啊。他憎恶州吁，因此连自己的儿子石厚也一起除掉。「大义灭亲」，大概说的就是这种情况了。』

五、宋华父督弑君

鲁隐公三年，宋穆公得了重病，他召见了大司马孔父，把哥哥宣公的儿子与夷托付给他，并且对他说：『先君舍弃了他的儿子与夷，让我当国君，我不敢忘记先君的恩德。如果托大夫您的洪福，我能得以善终，在地下，先君如果向我问起他的儿子与夷，我要用什么话来回答他呢？我只能让您来辅佐他成为新的国君，只有这样我才能对得起先君，请您侍奉与夷主持国家大事，如果是这样，就算我死了也没有什么可遗憾的了。』

孔父回答说：『现在宋国的各位大臣都想让您的儿子冯接替国君的位置啊！』

穆公摇摇头说：『我不能这么做。先君认为我贤能，让我主持国家大事，如果舍弃先君的贤德，坚持不让位，这就是辜负了先君的贤德之举，怎么能算贤德呢？发扬先君的美德，能不尽力而为吗？希望您不要废弃先君的功德。』

宋穆公将自己的儿子公子冯送到了郑国居住，同年八月，宋穆公去世了，他的侄子与夷即位，也就是宋殇公。

再说公子冯，他被父亲送到郑国之后，心中非常不满。而郑国也极力想要把公子冯送回来，扶上王位，通过这样的做法来达到控制宋国的目的。

结果，宋国立了与夷为国君，从此，宋、郑两国因此而结怨，互相攻伐。宋殇公在位十年，一共打了十一次战争，百姓早已不堪忍受战乱带来的痛苦，所以生活非常艰苦，哀鸿遍地，民不聊生。

当时孔父担任司马一职，华父督担任太宰一职。华父督在路上见到孔父的妻子，孔父的妻子生得美丽异常，华父督见了，疑为天人，一直目送着她远去，然后对手下人赞叹说：『真是一个漂亮而又冶艳的美人啊！』

然后，他开始到处散布说：『宋国连年发生战争，这全都是掌握军权的司马的责任。』因为华父督抓住了百姓已经不堪忍受战乱之苦的心理。

这个消息一散布出去之后，顿时引起了人们对孔父的不满。鲁桓公二年春，华父督攻打孔氏，杀死了孔父，并把他的妻子占为己有。宋殇公因此大为生气，华父督很害怕，于是把殇公也杀了。然后从郑国迎回公子冯，立为庄公。

【品读】

宋穆公坚持将王位传给兄长的儿子与夷，这种『推位让国』的精神体现了『仁』的本质，从这一点可以看出，宋宣公不把王位传给儿子与夷，而是传给弟弟是很有远见的。这种精神体现了鬼谷子所认为的：『圣人生活在世界上，立身处世是为了教化众人，扩大影响，宣扬名声』的精神实质，也就是『忤合』中『合』的思想。但是，后来由于种种错综复杂的政治力量的影响，与夷的王位并不太平，最后还是没有逃过被权臣所杀的下场。

六、郑宋相争

宋殇公即位的时候，公子冯被父亲流放到郑国，郑国人很想利用他回国夺位，但是公子冯夺位未能成功，从此，郑、宋两国结下了仇怨。

鲁隐公四年，卫国州吁弑君篡位。州吁当上了卫国国君以后，准备向郑国报复前代君主结下的冤仇，并以此来讨好各国诸侯。于是，他派人告诉宋殇公：『如果您准备攻打郑国，铲除危害您的公子冯，我们就奉您为盟主，并且派兵和陈国、蔡国一起，协助贵国。这是我们卫国的愿望。』

宋殇公听了州吁的建议，喜出望外，他很高兴地答应了。当时，陈国、蔡国正好跟卫国交好，因此，宋殇公、陈桓公、蔡国人、卫国人一起攻打郑国，包围了郑国国都的东门，一直围困了五天才撤兵。

就在同一年的秋天里，诸侯联盟再次攻打郑国，郑国寡不敌众，被诸侯国的联盟打败了，郑国农民辛苦种下的谷子也被诸侯联盟的军队给抢走了。

第二年的四月，郑国为了报复卫国围困东门的仇恨，派出军队袭击了卫国的牧场。受到袭击的卫国人不甘心这样白白吃亏，于是，率领南燕军队去攻打郑国。

郑国派祭足、原繁、泄驾率领三军从正面攻打卫国，派曼伯、子元带兵绕到敌人后面驻扎。南燕的军队畏惧正面的郑国三军，却不知道背后还有敌人。到了六月的时候，郑国的曼伯和子元带领军队出奇制胜，打败了南燕的军队。

同年秋天，宋国夺取了郏国的土地，郏国君主派人向郑国求救说：『请您派兵帮助我们攻打宋国，我们会给您做向导。』

郑国果然带着周天子的军队跟郝国军队会合，一起攻打宋国，并且攻入了宋国国都的外城，报了当年东门被围之仇。

宋国君主派人到鲁国求援，隐公听说入侵军队已经进入了宋国国都的外城，打算派兵救援，问使者说：『敌军攻到什么地方了？』

使者回答：『还没有到达宋国的国都。』

隐公对使者的隐瞒很生气，于是，对使者说：『贵国君王请我一起体恤宋国的灾难，现在，我来问你战争的情形，你却对寡人撒谎说「敌兵还没有攻到国都」，如果是这样的话，那我们就没有必要去解围了。』

同年冬天，十二月的时候，宋国军队攻打郑国，包围了长葛，以此报郑国军队攻入宋国都城外城的仇。

到了第二年秋天，宋国军队攻陷了郑国的长葛。

鲁隐公七年秋，宋国跟郑国讲和。七月十七日，宋、郑两国在宿地签订了盟约。

隐公八年春，齐僖公打算让宋国、卫国跟郑国讲和，已经确定了结盟的日期。宋殇公向卫宣公赠送了礼物，希望两人先会见。卫宣公答应了，因此两国国君在犬丘先进行了非正式的会见。

齐僖公的调解终于起了作用，宋国、卫国跟郑国持续很久的战争终于落下了帷幕。

这一年的秋天，他们在温地举行了盟会，在瓦屋签订了盟约，来消除对郑国『东门之围』的旧怨。

冬天，齐僖公派使者向鲁国通报调解宋、卫与郑三国关系并取得成功的消息。

隐公派众仲回答说：『君王您使宋、卫、郑三国放弃了互相攻打报复的计划，使三国百姓安居乐业，这都是君王您的恩惠啊。我们君王听到这一消息，也十分感谢您的大德。』

可惜才过了不久，第二年秋天，宋殇公因为不去朝见周天子，郑庄公正担任周天子的左卿，就用周天子的名义讨伐宋殇公，带兵攻打宋国。鲁隐公五年，宋国被郑国攻入外城时，隐公没有派兵援救，宋国对此一直心怀怨恨，因此这次也就没有派人来报告。隐公很生气，就跟宋国断交了。

郑国趁机联合鲁国、齐国，鲁隐公十年二月二十五日，郑庄公、鲁隐公、齐僖公在鲁国的邓地结盟，并且约定了出兵攻打宋国的日期。五月，鲁公子翚率领军队首先跟齐僖公、郑庄公会合，一起攻打宋国。六月初，鲁隐公在老桃会见了齐僖公、郑庄公。初七，鲁隐公带兵在营地打败了宋国军队。十五日，郑国的军队占领了郜地，次日宣布将郜地归属于鲁国。二十五日，郑国的军队占领了防地，次日宣布将防地归属于鲁国。

七月初五，郑国军队进入鲁国，当郑国的军队还驻扎在远郊的时候，宋国、卫国的军队突然袭击了郑国，蔡国军队紧跟在后面，进攻戴地。八月初八，郑庄公率军包围了戴地。进攻了一天，到了初九，郑军攻克戴地，并且俘获了三国的军队。失败的原因是因为这三个国家彼此都不能团结合作，所以导致了这一战役的失败。

九月，郑庄公率军攻入宋国。鲁隐公十一年十月，郑庄公带着虢国的军队攻打宋国。十四日，把宋军打得大败，报了前一年宋军侵入郑国的仇。由于宋国连年用兵，而且多次打了败仗，百姓不堪其苦，结果宋国就发生了内乱。

鲁桓公二年，宋华父督作乱，杀死了宋殇公，然后从郑国迎回公子冯，立为国君，是为庄公。宋国从郑国迎立公子冯，有向郑国表示亲善的意思。至此，郑、宋间的连年斗争也终于告一段落。

【品读】

鬼谷子认为：『大凡联合与对抗的行动，都有相应合宜的计策。变化和转移就像铁环一样连锁而无中断。』

卫国和宋国、鲁国和郑国，所有的联盟都不是永远不变的，而是一场政治斗争和军事实力相互较量的博弈。

尽管这一段历史纷繁复杂，各诸侯国之间相互攻伐，打得一团糟。但是，在这非常混乱的政治形势中，仍然有政治精英脱颖而出，郑庄公处理事情的态度却很公正，他首先用天子的名义，征讨了不来朝见天子的国家，当战争取得了胜利的时候，自己又不贪图土地，而是用来犒赏受天子封爵的鲁国国君，他在这里赢得了正义的名声，这是因为他掌握了治理政事的根本要素，也就是忤合的真髓。

七、曲沃并晋

当初，晋穆侯的夫人姜氏在晋国讨伐条地的时候，生了一个儿子，她给这个孩子起名为『仇』。后来，仇被立为太子。

又过了几年，姜氏又在千亩之战的时候，生下了仇的弟弟，给这个孩子起名为『成师』。

大夫师服对此评价说：『真是太奇怪了！国君竟然给儿子起这样的名字！名字表示道义，道义产生礼仪，礼仪体现政治，政治使百姓品行端正。因此，政治上取得成功了百姓才能服从，否则就会发生动乱。美好的姻缘叫作妃，不和睦的夫妻叫作仇，这是古代的名称。现在国君给太子起名叫仇，给太子的弟弟起名叫成师，这就预示要发生动乱了。做哥哥的，就算将来继承了君位，恐怕也会很快衰微下去！』

果然，在鲁惠公二十四年的时候，晋国开始发生动乱。这时，晋文侯仇已去世，因此他的儿子晋昭侯即位后，把成师封在曲沃，并让晋靖侯的孙子栾宾辅佐他。

大夫师服又对此发表评论说：『我曾听说国家的建立就像树木一样，要根基大而枝叶小，这样才能得以稳固。所以天子建立侯国分封给诸侯，诸侯建立采邑分封给卿，卿再设置侧室，大夫又设二宗官职，士则有其子弟为隶役。农民、工匠以及商人，又分别根据亲疏远近分出不同的等级。这样，百姓才会服从他们的官长，而身居下位的百姓也不会有非分之想。现在，晋国不过是周王室属下的诸侯，却又另外建立了侯国。既然这个国家的根基已经衰弱了，那么怎么还能长久呢？』

鲁惠公三十年，晋国内部发生了混乱，晋国的潘父杀了晋昭侯，准备迎接桓叔，但是没有成功。晋国人立了孝侯为国君。

到了鲁惠公四十五年的时候，桓叔的儿子曲沃庄伯攻打晋国都城翼城，杀死了孝侯，翼城人又立了孝侯的弟弟鄂侯为国君。

鲁隐公五年，晋鄂侯去世，曲沃庄伯趁机发兵攻打晋国，率领郑国和邢国的军队攻打翼地，周桓王也派大夫尹氏、武氏率兵帮助他。翼侯逃到了随地。

六月，曲沃庄伯背叛了周桓王。秋天，周桓王命令虢公讨伐曲沃，并在翼地立晋鄂侯的儿子哀侯为晋国国君。

鲁桓公三年春，因为晋哀侯侵占了陉庭的土地，陉庭南部边境的人引领曲沃武公攻打晋国都城翼城。曲沃武公把军队驻扎在陉庭。韩万为武公驾车，梁弘担任车右，他们在汾水附近的低洼地带追赶晋哀侯。后来由于在前进中，驾车的马被道旁的树木挂住，而不得不停下来。

到了晚上，他们俘虏了晋哀侯和栾共叔。晋哀侯被俘后，晋国人立哀侯的儿子小子为君，就是『小子侯』。曲沃武公则派韩万杀死了被俘的晋哀侯。

鲁桓公七年冬，曲沃武公把小子侯诱骗出来，将他杀死了。第二年的春天，曲沃武公攻灭翼城。同年冬天，周桓王让虢仲在晋国立晋哀侯的弟弟缗为君。

到了鲁庄公十六年，曲沃武公攻灭晋侯缗，把得来的宝贝器物全部献给了周釐王。周釐王就让曲沃武公做了晋国国君，列为诸侯。

【品读】

这个历史故事中，大夫师服有两段话非常引人注目，第一次，当姜氏生下了太子仇的时候，大夫师服从这个名字上已经预感到了晋国将来可能会出现的危机。后来，当晋昭侯封成师于曲沃的时候，师服又一次指出，诸侯不能分封诸侯，这样不合礼法，必然会引起国家的动荡。结果，后来晋国国内不断发生的征伐和弑君，验证了师服所说的话，师服所说的这一番言论，是『忤』的表现，但是，可惜并没有引起君主的足够重视，所以给国家带来不断的灾难。

八、楚武王伐随

随国是姬姓诸侯国，与楚国接壤。因为楚国强大的军事实力，随国一直都非常忌惮，所以跟其他小国在一起结盟，意在联合起来，以防万一。

鲁桓公六年，楚武王入侵他的邻国——随国，派薳章去随国进行和谈，自己在瑕地驻军等待谈判的结果。

随国则派少师来主持和谈。

斗伯比对楚武王说：『我国在汉水以东没有继续再扩大我们的国土，这完全是我们自己的原因造成的。因为我们扩展军队，整顿装备，依靠武力凌驾于别国之上，他们因害怕而联合起来对付我们，所以我们就很难离间他们。在汉水以东的国家中，随国最大。如果随国狂妄自大，就一定会轻视其他小国。而这些小国一旦开始疏远随国，这就是我们的好机会了。随国的少师这个人一向骄傲自大，请君王把您的精锐部队隐藏起来，让他看到的都是一些老弱的士兵，这样会使他骄傲起来，就会对我们很有利。』

熊率且比说：『随国有季梁这样的贤臣，我们这样做有什么用呢？』

斗伯比说：『这个计划是在为将来做准备，现在虽然是季梁掌握政务，但是，过不了多久，少师必定会得到随君的宠信，到了那时，我们就可以实施这个计划了。』

楚武王听了斗伯的建议，便故意把军容弄得乱七八糟，用老弱的兵卒来列队迎接少师的到来。

少师回去以后，对随侯说，楚国军队徒有其名，其实不堪一击。然后向随侯提出请求，要求追击楚军。

随侯听了楚军的情况，心中大喜，正要同意少师的建议，季梁急忙阻止说：『上天正保佑楚国，楚国军队显得疲弱，恐怕是为了引诱我们上当吧！君王何必急于出兵呢？我听说，小国之所以能够抵抗大国，是因为小国得道而大国失道。所谓道，就是对百姓忠实，对神灵虔诚。国君经常想到如何使百姓得到好处，这就是忠；祝吏主持祭祀，祈祷时言词不虚妄，这就是信。现在百姓挨饿，而国君却一心满足私欲，祝吏在神灵面前虚报功德，我不知道这样能不能够抵抗大国？』

随侯说：『我祭祀用的牲口都没有杂色，而且都很肥壮，黍稷也都十分丰盛完备，为什么不能取信于神灵呢？』

季梁回答说：『百姓是神灵的主人。因此，圣明的君主总是先使百姓衣食无忧，然后才致力于祭祀神灵。所以在进献牲口的时候，就祷告说：「牲口又大又肥。」这是说百姓的财力普遍富足，他们的牲口肥大而且繁衍不息，没有生病也不瘦弱，而且品种齐全取之不尽。在进献黍稷的时候祷告说：「洁净的黍稷盛满了祭器。」这是说春、夏、秋三季没有灾害，百姓和睦，收成很好。在进献甜酒的时候祷告说：「美酒又好又清。」这是说他们上上下下都是道德美好而没有恶的心思，与祭品的芳香相应。所以他们专心致力于农事，讲习五教，亲近自己的亲族，用这些行为来表示对神灵的虔诚。在这种情况下，百姓和睦而神灵也肯降福给他们，做任何事情都会成功。现在，百姓各有异心，神灵也没有主人，就君王您一个人祭品丰盛，又能求得什么福气呢？您先姑且修明政治，亲近兄弟国家，这样也许可以免于灾难。』

随侯听了季梁的话之后，感到非常惭愧，于是，接受了季梁的建议，开始修明政治，楚国也就没有攻打它。

到了鲁隐公八年，随国的少师受到了随侯的宠信。斗伯比对楚武王说：『现在可以攻打随国了。我们的敌国内部有了矛盾，这个机会不能错过。』

这一年的夏天，楚武王在沈鹿会见诸侯，黄国、随国没有参加，楚武王便派薳章前去责备黄国，自己则亲自带兵讨伐随国，把军队驻扎在汉水和淮水之间。季梁请求随侯向楚国表示服从，他说：『我们向楚国表示服从，如果他们不接受我们的服从，然后再开战，这样可以激励我军的士气，而他们大国的傲慢也会让他们的士兵产生懈怠的情绪。』

少师则对随侯说：『必须速战速决，否则将会失去打败楚军的良机。』

于是，随侯开始调动军队与楚国军队对抗，随侯驾着车，从远处眺望楚国的军队，季梁说：『楚国人以左为尊，国君一定处在左军之中。我们不要和楚王正面作战，先去攻击他的右军。因为右军没有良将，一定能将他们击败。他们的偏师一败，其他人就会奔散。』

但是，少师说：『不，我们必须进攻他们的正面，不与楚王正面对阵，这就表示我们不是他的对手。』

随侯没有听从季梁的话，两军在速杞交战，随军大败，随侯也逃走了。楚国大夫斗丹俘获了随侯的战车和担任车右的少师。

秋天，随国提出与楚国讲和，楚武王不想同意，斗伯比说：『少师已经被我们抓获了，上天已经替随国除掉了他们的祸患，随国少了这个祸患，我们还不一定能战胜他们呢！』

于是，两国订立了盟约，然后楚军就退兵回国了。

后来，楚武王创造了一种名叫『荆尸』的阵法，在军阵中编入戟队。鲁庄公四年三月，楚武王再一次伐随。将要斋戒祭祀祖先时，他到宫里告诉夫人邓曼：『我的心跳得很厉害。』

邓曼叹息说：『看来君王的福禄要到头了。水满了就会动荡，这是自然的规律。前代君王大概已经预料到了，所以在面临作战、在要发布重要的命令时使您心跳不已。如果军队没有什么损失，只是君王在途中去世，也就是国家的福气了。』

楚武王终于率领军队出征，结果死在了樠树之下。令尹斗祁、莫敖屈重封锁了楚武王去世的消息，并开通道路，在水上架桥，让军队继续前进，最后在随国境外建造营垒，表示要决战到底。随国人害怕，要求讲和。莫敖代表楚武王到随国与随侯订立了盟约，并邀请随侯在汉水转弯处举行会谈，然后才撤兵回国。直到渡过汉水以后，才宣布楚武王去世的消息。

【品读】

斗伯比是楚国的谋臣，他在藏露之中寻求平衡，在刚柔之中回旋制胜，在取舍之中揽心集权，在时势之中把握机会，在名利之中抉择进退，在变化之中寻求应对。处世之道暗合忤合之术，在此进退、忤合中，达到了自己人生的巅峰。

九、卫宣姜之乱

当初，卫宣公和他的庶母夷姜私通，生下了急子，卫宣公把急子托付给了右公子。后来从齐国为急子娶妻，宣公看到新娘很美，就据为己有，人称宣姜。宣姜后来生下了两个儿子寿和朔，并把寿托付给了左公子。

后来夷姜上吊自杀，宣姜和公子朔在宣公面前诬陷急子。卫宣公便让急子出使齐国，并让刺客在莘地等候，打算杀死他。寿把这件事告诉了急子，让他逃走。急子不同意，说：『不听父亲的命令，儿子还有什么用呢？除非世界上有没有父亲的国家，我才可以逃到那里去安身。』

等到急子将要出行，寿用酒把急子灌醉了，然后把急子的旗子插在自己车上，赶往齐国去了，结果，在半路上，寿被刺客杀死了。

急子随后赶到，看到弟弟寿已经倒在了血泊中，便对刺客说：『你们要杀的是我，这个人有什么罪？

请你们杀了我吧！』于是刺客又杀了急子。因此，左、右二公子都怨恨公子朔。

公子朔后来继位，就是卫惠公。鲁桓公十六年，也就是卫惠公四年的十一月，左公子泄和右公子职共同拥立公子黔牟为国君，卫惠公出逃。

卫惠公出奔到齐国，当时齐国很强大，便号召鲁、宋、陈、蔡等诸侯一起讨伐卫国，想把惠公送回国去。七年后，也就是鲁庄公五年冬，齐、鲁、宋、陈、蔡联军一起攻打卫国。

次年正月，周王派子突率军前去救援卫国。

到了夏天，卫国还是战败了，卫惠公回国为君，把公子黔牟流放到成周，把大夫宁跪流放到秦国，并把左公子泄和右公子职处死，然后才就位。

【品读】

鬼谷子说：大凡联合与对抗的行动，都有相应合宜的计策作为根据。而卫国二公子立黔牟为君是『考虑不周全』的结果：要确保国君的地位稳固，必须先对本和末进行全面衡量，先考虑立他是否合乎道义，再看他本人是否能够扶持，见他合适然后才拥立。不合乎道义，就不要为他谋划；不能够扶持，就不要勉强拥立。即使是勉强地将他推上国君的位置，也难保长治久安。

一〇、郑国的衰落

鲁桓公十一年，宋国人要挟祭仲拥立郑厉公，逼走昭公，还向郑国索要贿赂，两国因此结怨。第二年，鲁桓公想让宋国与郑国讲和。

秋天，桓公和宋庄公在句渎之丘举行了结盟。因为鲁桓公不能确定宋国是否真想跟郑国和好，所以又在虚地举行了会见。

这一年的冬天，双方再一次在龟地会见。由于宋庄公拒绝跟郑国讲和，于是桓公便和郑厉公在武父订立了盟约，然后率兵攻打宋国，这场由鲁国发起的攻打宋国的战争是在宋国境内发生的，战争的起因就是为了讨伐宋国不讲信用。

鲁桓公十三年，郑国因为无法忍受宋国屡次索要贿赂，所以联合纪、鲁、齐的军队，与宋、卫、燕的联军作战。

第二年的冬天，宋国人率领诸侯的军队进攻郑国，这是为了报复桓公十二年郑国和鲁国攻打宋国的那次战争。宋军焚烧了郑国都城的渠门，进入都城，一直攻到了城中大街，并且攻打东郊，夺取了牛首一地，还把郑国太庙里的椽子拿回去做了宋国城门的椽子。

郑国这次吃了败仗之后，第二年内部又发生了变乱。祭仲因为拥立有功，专权独断，郑厉公对此非常担心，于是就派祭仲的女婿雍纠设法杀死他。雍纠打算在郊外宴请祭仲，趁机除掉他。

雍纠的妻子雍姬得知此事后，问她母亲：『父亲和丈夫哪一个更亲近呢？』她母亲说：『女子出嫁之前，任何人都可以选来做丈夫，但是父亲却只有一个，两者怎么能够相比呢？』于是雍姬就告诉祭仲：『雍纠不在家里却在郊外宴请您，我怀疑其中有诈，所以告诉您，请您小心。』祭仲就先动手杀死了雍纠，并把他的尸体抛在周室之池示众。郑厉公急忙用车载了雍纠的尸体逃出郑国，并说：『遇事和女人商量，他真是死得活该。』祭仲又迎回昭公，让他复位。

当年，郑庄公打算让高渠弥做卿，昭公因为厌恶他，便坚决劝阻，庄公没有同意。昭公即位后，高渠弥害怕昭公会杀掉自己，就在鲁桓公十七年的十月二十二日，杀了昭公，然后立公子亹为国君。

君子称赞昭公了解他所厌恶的人。公子达说：『看来高渠弥恐怕要被杀掉啊！因为他对昭公的报复也太过分了。』

齐襄公听说这件事，便想替郑国讨伐贼子，借此长自己的大国威风。次年秋天，齐襄公率领军队驻扎在首止，让郑君前去会见。子亹只好去了，让高渠弥做他的助手。七月三日，齐国人杀了子亹，并把高渠弥五马分尸。

祭仲到陈国迎回昭公的另一个弟弟子仪，将他立为国君。首止这次会见，由于祭仲事先了解了情况，所以就托病没有前往。

有人说：『祭仲有先见之明，所以能免于灾祸。』祭仲很不谦虚地说：『确实是这样啊。』

【品读】

春秋战国时期，诸侯国之间争伐不断，郑国内部更是政变更迭，如果不是祭仲的女儿在丈夫准备谋杀父亲的时候，及时向父亲汇报了丈夫雍纠的预谋，郑国的政坛很可能是另外的一种景象。祭仲的女儿为了保全父亲，只能背叛丈夫，祭仲的女儿在出卖丈夫之前，也是做过一番思想斗争的，她与母亲的对话就说明了她的思想矛盾，在丈夫和父亲之间，做了痛苦的取舍。用『忤合』的观点来看，她要忠于一方，必然会背叛另外一方，这也是一种无奈的宿命。

一一、鲁庆父之难

当初，鲁庄公建造了高台，从台上可以看到党氏家里。有一次，他在台上看到党氏的女儿孟任生得美丽动人，心中十分爱慕，就下去追她。

孟任关上门不肯让他进去，庄公就许诺要给她夫人的名分，她才同意，并割破手臂，和庄公盟誓，后来生下公子般。

有一次，鲁国要举行雩祭，在大夫梁氏家里进行预演的时候，庄公的夫人也去观看。养马人荦从墙外跟她调戏逗趣，公子般很生气，让人鞭打荦。

庄公说：『荦的力气很大，能够把稷门的门扇举起来扔出去，对于这样的人，光是鞭打是没有用的，不如杀了他。』但公子般却没理会。

鲁庄公三十二年，庄公生病，向弟弟叔牙询问有关继承人的问题。叔牙回答说：『庆父很能干。』庆父是庄公的弟弟，庄公不想把君位传给庆父，想把君位传给自己的儿子。然后，庄公又向季友询问，季友回答说：『我誓死侍奉您的儿子般。』

庄公说：『刚才叔牙说「庆父可以继承」。』

于是季友就派人用国君的名义让叔牙在鲁大夫铖巫家里等候，让铖巫在酒里下了毒药，给叔牙喝下去。铖巫对叔牙说：『喝了这酒，您的后代子孙就可以在鲁国享有禄位；不喝的话，您还是要死的，而且您的后代子孙也休想得到禄位。』叔牙喝下了毒酒，回家途中走到逵泉就死了。鲁国把叔牙的儿子立为叔孙氏。

八月五日，庄公去世，公子般继位，住在党氏家里服丧。十月二日，庆父派养马人荦在党家刺杀了般。

季友逃亡到了陈国。庄公的儿子开被立为鲁国国君，是为闵公。

第二年的八月，鲁闵公和齐桓公在落姑会盟，请求齐桓公帮助季友返回鲁国。齐桓公答应了，派人从陈国召回了季友，闵公留在郎地等候他。当时，庆父专权，鲁国政局动荡，季友不顾个人安危回到鲁国帮助处理国政，实属难能可贵。

同年冬天，齐国的仲孙湫到鲁国访问，对鲁国发生的祸难表示了慰问。他回国后，对齐桓公说：『不除掉庆父，鲁国的祸难就没法结束。』

齐桓公问：『怎样才能除掉他呢？』

仲孙湫回答：『他不停地制造祸难，必将自取灭亡，君王您就等着瞧吧！』

齐桓公说：『我们能不能趁此机会攻占鲁国呢？』

仲孙湫说：『不可以。鲁国现在还秉承着周朝的礼仪。周朝的礼仪，是立国的根本。我听说：如果一个国家将要灭亡，那就像大树倒下一样，一定是躯干先动摇，然后枝叶才跟着倾倒。鲁国还没有舍弃周礼，我们不能对它轻举妄动。君王还是应该尽力平定鲁国的祸难，并且亲近它。亲近讲究礼仪的国家，依靠厚重稳固的国家，离间内部涣散的国家，颠覆昏暗动乱的国家，这才是称霸天下的策略。』

鲁闵公二年，庆父又弑杀了闵公。闵公被杀的原因是这样的，当初，一名辅佐闵公的官员夺取了鲁大夫卜的田地，闵公年幼，没有加以禁止。卜一直怀恨在心。八月二十四日，庆父就让卜在武闱杀死了闵公。但庆父也因此遭到了都城人们的反对，只好出逃到莒国。

季友带着闵公的庶兄僖公跑到了邾国。等庆父逃亡莒国后，季友才再次回到鲁国，立僖公为国君。

鲁国人用财物向莒国要求换取庆父，莒人就把庆父归还了鲁国。庆父到了密地，派公子鱼前去请求赦免，没有得到允许，公子鱼便哭着回去了。庆父听到哭声说：『这是公子鱼的哭声啊！』于是上吊自杀了。

闵公是哀姜的妹妹叔姜的儿子，因此齐国人才立他为国君。庆父和哀姜私通，因此，哀姜想立他为国君。闵公的被害，哀姜事先是知道的，因此事败之后她逃到了邾国。后来齐国人从邾国抓回了哀姜，并在夷地杀了她，然后把她的尸首归还给鲁国。僖公征得齐国同意后，安葬了哀姜。

【品读】

季友忠诚于鲁国的宗室，为了帮助公子般扫清障碍，不惜用狠毒的手段毒死了支持庆父的叔牙。也许他早就看出了庆父将来一定会成为鲁国的灾难。后来虽然公子般并没有坐稳国君的宝座，就被庆父所杀，季友也不得不流亡在外，但后来还是被闵公请了回来。从『忤合』的角度来说，季友逃出鲁国可以看做『忤』，而回国继续执掌国政就是合。

我们再看另外一个人物：哀姜。她与庆父私通，希望庆父能够登上鲁国国君的宝座，但是庆父在鲁国为所欲为，最后发展到了弑君的地步，惹得天怒人怨，最后，庆父落得身败名裂的下场，哀姜也被杀害，最后还是没有逃脱身败名裂的下场。所以说，『忤与合』正确与否，也要从正义的角度去考察，任何时候都不要蝇营狗苟，无端为自己埋下祸根。

一二、烛之武退秦师

鲁僖公三十年九月初十，晋文公因为当初自己流亡到郑国时，郑文公没有对他以礼相待，现在又亲近楚国，对晋国怀有二心，就联合秦穆公发兵包围郑国都城。

晋国的军队驻扎在函陵，秦国的军队则驻扎在汜水南面。

郑大夫佚之狐对郑文公说：『国家正面临危亡啊！如果您派大夫烛之武去见秦国国君，他们的军队肯定会撤退。』郑文公听从了他的建议。烛之武却推辞说：『我年轻力壮的时候尚且比不上别人。如今老了，什么也做不成了。』

郑文公说：『我没有能及早重用您，到现在形势危急时才来求您，这是我的过错。然而如果郑国灭亡了，对您也没有好处啊！』烛之武这才答应了郑文公的请求。

当天晚上，烛之武被人用绳子绑住身体，从城墙上放了下去。他出了城，见到秦穆公，说：『秦晋两国军队包围郑国都城，郑国人已经知道郑国就要灭亡了。假如灭亡了郑国之后对您有好处，那就有劳您了。要越过邻国去占领别国一块土地，把它作为自己的边邑，您知道这是很难办到的。既然这样，您又何必为了增加邻国的地盘而灭掉郑国呢？邻国的地盘扩大了，实际上就等于您的地盘缩小了。假如您能放弃灭掉郑国，让它作为东边路上的主人，将来贵国的使者来往经过这里，郑国可以供应他们所缺乏的一切物品，这对您来说也没有什么害处。再说，您曾对晋惠公施以恩惠，当时他许诺把晋国的焦地和瑕地送给您。但他早晨刚刚渡过黄河回国，晚上就立即修筑工事与秦国为敌，这您是知道的。晋国的欲望哪里会满足呢？等它向东扩张，把郑国的土地作为自己的边疆之后，就又要向西扩张了。到那时候，它不损害秦国的话，将到哪里去取得新地盘呢？秦国攻打郑国这件事，对秦国有害，却对晋国有利。希望君王认真考虑一下吧。』

秦穆公听了这番分析之后很高兴，跟郑国人订立了盟约，然后派秦大夫杞子、逢孙、杨孙留在郑国戍守，自己则率领军队回国了。

子犯（即狐偃）请求攻打秦军，晋文公说：『不行。当初如果没有秦穆公的帮助，我就没有今天。曾经依靠别人的帮助，现在却去伤害人家，这是不仁；与自己的同盟国失和，这是不智；用对立来取代联合，这是不武。我们还是撤军吧。』于是晋国也撤兵回去了。

【品读】

烛之武的游说从一开始就表现出对秦国的尊重与恭维，然后再历数晋国曾经背叛秦国的事情。尊敬一方，诋毁另一方，也是忤合之术中的重要手段，烛之武一番有理有据的分析，特别是用晋惠公忘恩负义、背叛秦国的事情触动了秦穆公，帮助秦穆公打消了继续与晋国联盟，消灭郑国的打算。郑国在关键时刻，仅派出一名使者就拆散了晋国与秦国的联盟，在危机的关头挽救了郑国，由此可见忤合之计的威力无穷。

一三、臼季荐冀缺

晋大夫臼季（即胥臣）出使外国时，曾经经过冀地，看到冀缺在田里除草，他妻子给他送饭，两人以礼相待，相敬如宾。臼季便邀请冀缺一起回到都城，对晋文公说：『恭敬，是德行的集中表现。一个人能对他人恭敬，就一定拥有德行。德行能够用来治理百姓，请君王任用冀缺！据我所知，外出就像会见宾客一样的恭敬，办事就像参加祭祀一样的恭谨，这是仁爱的准则。』

冀缺的父亲是冀芮，因为他的封邑在冀，所以改氏为冀芮，晋文公刚刚登位时，冀芮曾经想加害文公，所以文公说：『他的父亲冀芮有罪，我还可以任用他吗？』

臼季回答说：『从前舜为了罚罪而处死了鲧，后来选拔人才时却起用了鲧的儿子禹。管仲曾经用箭射齐桓公，是桓公的敌人，但是后来他却被桓公任用为相，并且成就了齐桓公的霸业。《尚书·康诰》说：「父亲不仁慈，儿子不孝顺，哥哥不友爱，弟弟不恭敬，父子兄弟的罪过，各由自己负责，彼此之间互不涉及。」《诗经》说：「采葑菁，采萝卜，不要因为是根茎，就彼此舍弃。」您根据他的长处任用就行了。』于是文公就让冀缺担任了下军的大夫。

文公死后，襄公在箕地打败狄人，胜利而归。襄公用诸侯大臣中的最高规格，任命先且居统率中军；用次于先且居的规格，把大夫先茅的封地收回，赏赐给臼季，并对他说：『举荐冀缺，是你的功劳。』又用仅次于臼季的规格，任命冀缺为卿，重新把冀地赏赐给他，只是因为五军统帅都已有人，所以没有让他担任军职。

【品读】

臼季向晋文公推荐了他仇人的儿子是忤，而冀缺为晋国鞠躬尽瘁，受到了国君的重视为合，天下忤合之道无处不在，但是，更重要的一点是晋文公的胸怀，晋文公作为春秋霸主，必然会有着他的过人之处。晋文公的过人之处表现在他用人的方面，对于冀缺这个仇人的儿子委以重任，表现了晋文公不拘一格使用人才的气魄和胆识。只有在这样能够大胆起用人才的领导手下，才会有臼季这样善于发现人才的伯乐。世界上之所以有伯乐，是因为有欣赏和重用伯乐的领导人存在。

一四、弑父的商臣

当初，楚成王打算立商臣为太子，就此事征求令尹子上的意见，子上说：『君王您现在春秋正盛，况且还有这么多宠妾。现在立商臣为太子，如果以后您又想另立您宠爱的姬妾生的儿子，再废黜商臣时，可能就会引起国家的内乱。以前楚国立太子，常常立年轻的，何况商臣这人，有着黄蜂一样的眼睛，豺狼一般的声音，是个残忍的人，不能立他为太子。』虽然子上苦口婆心地劝阻楚成王不要立商臣为太子，可是楚成王却不听。

结果，到了鲁文公元年的时候，楚成王果然想废掉商臣，改立王子职为太子。商臣听说这件事，拿不定主意，就去问他的老师潘崇：『如何才能了解这件事的真伪呢？』

潘崇说：『您宴请成王的妹妹江芈，席间故意对她不尊重，激她说出真相。』

商臣采纳了潘崇的建议。果然，江芈在席上怒声大骂：『好啊，你这个卑贱的东西，难怪君王想废掉你，改立王子职为太子。』

商臣赶紧告诉潘崇：『确实有这样的事。』

潘崇问商臣：『您甘心做王子职的臣子吗？』

商臣说：『不甘心！』

潘崇又问：『你会不会离开楚国呢？』

商臣说：『不会。』

潘崇再问：『你敢不敢发动兵变弑杀君王？』

商臣答道：『敢。』

十月，商臣率领东宫守卫包围了成王的宫殿。成王想拖延时间，因为熊掌很难做熟，就以此为借口，请求让他吃完熊掌之后再死，可是商臣不肯满足父亲最后的这个心愿，他没有答应父亲的请求，最后成王被逼迫着上吊自杀了。

楚国人给成王加谥号为『灵』，成王虽死也不瞑目，把谥号改为『成』，他才合上了眼睛。

商臣即位后，是为穆王。因潘崇帮助夺位有功，商臣把自己做太子时居住的宫室以及宫室内的财物、奴仆全都赠送给潘崇，并封他做了太师，兼管宫中侍卫军。

当年，楚国范地的巫师矞似曾经对楚成王、子玉和子西预言说：『你们三个人将来都会暴死。』城濮之战楚军大败，楚成王责备统帅子玉刚愎自用，赐他自杀，后来想起这个预言，赶紧收回命令，派人去阻止子玉：『不要自杀！』可是为时已晚，子玉等待赦免的命令，久等不至，已经在连谷自杀了。如今，楚成王被商臣篡弑，也算是应验了矞似的话。

再来看子西，城濮之战中他率领左军，战败后也跟着子玉自杀，但上吊的时候绳子断了，楚成王的使者又恰好赶到，才制止了他，成王还任命他为商公。但子西心里仍不安定，偷偷沿汉水顺流而下，又进入长江逆水而上，准备进入郢都作乱。

这时楚成王正住在别宫渚宫，出来正好看见子西，子西非常害怕，就借口说：『当初我幸免一死，如今却又有人挑拨离间，诬陷我要逃走。现在我特地来请求司寇处死我！』

楚成王听了子西的话并没有介意，任命他为工尹。商臣弑成王后九年，他又和子家阴谋弑杀穆王。穆王听说后，就把子西和子家都给杀了。这三个人全都是横死，验证了巫师矞似的话。

【品读】

令尹子上对商臣的谋逆之心早有察觉，但是他的忠告并没有引起楚成王的注意。楚成王和子玉、子西的死，似乎验证了矞似的神秘预言，他们的死看起来似乎是一种不可逃避的宿命，其实，他们三个人的悲剧是他们三个人性格的必然结果。楚成王不听令尹子上的劝告，坚持立商臣为太子，这是因为他对继承人选判断失误所导致的悲剧。

一五、秦穆公的用人原则

鲁僖公三十三年，秦晋殽之战中，秦军统帅孟明视等人被俘，后来又被晋襄公释放，得以回到秦国。

秦国的大夫和左右侍从都对秦穆公说：『殽之战失利，孟明视罪不可恕，一定要处死他。』

秦穆公说：『是我的责任啊。周朝芮良夫有诗：「大风自孔中吹，贪人都是败类。听到赞美开心应对，听到谏言假装酒醉，不知任用贤人，反而使我为非。」是贪婪害的，说的正是我啊。因为我的贪婪，致使孟明视受到祸害，他又有什么罪过呢？』于是重新让孟明视执政。

鲁文公二年春，秦国孟明视率军讨伐晋国，来报殽之战的仇。二月，晋襄公派军队抵抗，任命先且居为中军统帅，赵衰为副帅，王官无地驾驭战车，力大且武艺高强的狐鞫居担任车右。七日，晋军在秦地彭衙遭遇秦军，结果秦军大败。因为当初孟明视被放回去时，曾说过三年后要来『拜赐』，『拜赐』就是报仇的委婉说法，所以晋国人讥笑秦军，称他们为『拜赐之师』。

彭衙之战再次失利，但秦穆公仍然重用孟明视。孟明视修明政事，让老百姓得到更多的恩惠。晋国的赵衰对大夫们说：『秦军如果再来侵犯的话，我们一定要避开他们。因为畏惧对手，所以进一步修明其德行，这样的人是不可战胜的。《诗经》说：「怀念你的祖先，修养你的德行。」孟明视知道这两句话，怀念祖先、修养德行而不懈怠，难道我们能够战胜他吗？』

冬天，晋国的先且居、宋国的公子成、陈国的辕选、郑国的公子归生联合讨伐秦国，占领汪地，攻到彭衙然后撤退，以报彭衙之战时秦国入侵之仇。

鲁文公三年夏，秦穆公再次发兵讨伐晋国。渡过黄河之后，下令烧掉所有船只，表示要誓死决战。这次秦军终于报了一箭之仇，占领了王官，一直打到郊地。晋军不敢出城迎战，秦军于是从茅津渡过黄河，在殽山搜索秦军阵亡将士的遗骨，将他们埋葬后才返回秦国。从此以后，秦国称霸西戎，这都是因为秦穆公任用孟明视的缘故。

【品读】

秦穆公作为一国之君，选拔人才能够考虑周到、果断专一，面对秦晋殽之战的失败，能够勇于承担领导责任，确实是一代明君的风范。而作为败军之将的孟明视，能够知耻而后勇，不因为失败而懈怠气馁，能从失败中吸取教训，不断反思。最后终于取得了战略性的胜利。秦穆公的胜利赢在用人上，而孟明视的成功则是对他勇于吞下失败的苦果，励精图治的报偿。

一六、不爱江山爱美人的穆伯

穆伯也就是庆父的儿子公孙敖，他从莒国娶了一个名叫戴己的妻子，戴己生了文伯；她的妹妹声己生了惠叔。

戴己死后，穆伯又想娶莒女为妻，就去莒国聘问，结果，莒国人以『应当扶声己为正妻』为理由拒绝了他的求婚。

穆伯只好在莒国替堂弟襄仲做主，聘定了一位莒国的姑娘做妻子。

鲁文公七年冬，徐国攻打莒国，莒国派人到鲁国请求结盟，希望得到鲁国的援助。穆伯到莒国参加盟会，准备顺便替襄仲把夫人给迎娶回去。但是，当他来到鄢陵，登上城墙见到那位准备迎娶的女子时，顿时被她的美貌所吸引，决定把她娶作自己的妻子。为此，襄仲请求讨伐穆伯，鲁文公正要答应他，叔仲惠伯进谏说：『我听说，「战争由国内而起称为乱，由国外而起称为寇。在国外作战，还能造成敌人的伤亡；如果内乱起来，伤亡的都是自家人。」现在大臣想作乱，国君您又不制止，恐怕会因此引起外敌的入侵，那样的话该怎么办呢？』文公采纳了惠伯的建议，阻止了襄仲。

惠伯又从中调解，劝襄仲放弃那位莒国的女子，让穆伯把她送回莒国。最后，穆伯、襄仲二人又和好如初，恢复了兄弟情谊。

鲁文公八年，穆伯前往周王室吊唁周襄王的丧事，才走到半路，就返回了，然后卷着吊丧用的礼物逃到莒国。看来他对莒国那位女子还是念念不忘，为了追求她，竟然舍弃了自己的国家。

穆伯为了追求自己心爱的女人跑到莒国以后，鲁国人立他的儿子文伯为世子。穆伯在莒国又有两个儿子。

鲁文公十四年，穆伯请求回到鲁国，文伯就替他向朝廷请求。襄仲提出禁止穆伯上朝参政的要求，因此穆伯回国后就没有外出过。三年之后，穆伯变卖所有家产再次去莒国。

文伯生病，请求说：『我的儿子年纪还小，请立我的弟弟难吧。』鲁国人同意了文伯的请求。文伯死后，难继承家业。

穆伯又想回到鲁国，并赠送重礼，请难帮他求情，得到了批准。穆伯准备回去时，九月份死在了齐国。莒国向鲁国报告了丧事，并请求送回鲁国安葬，但是没有得到批准。齐国有人为穆伯的事情出主意：『鲁国是穆伯的亲族之国，只要把穆伯的棺材放在齐、鲁交界的堂阜，鲁国一定会派人来取走。』齐国人采纳了这个意见。鲁国卞邑的大夫向上报告了这件事，惠叔此时还在居丧期间，他容颜消瘦，站在朝廷上等待批准运回穆伯的棺材。最后，鲁国批准了他的请求，于是他就把穆伯的棺材运回鲁国安葬，齐国人也前来护送。

穆伯的葬礼，规格比照庆父，都以罪降格。他的妻子声己为丈夫伤透了心，不愿看见穆伯的棺材，只在灵堂帐幔外哭泣。襄仲因为穆伯夺他的妻子，本不打算去哭丧，惠伯劝他说：『丧亡之事，是对亲人最后的安慰。尽管没有好的开始，但最后处理好这件事也是可以的。史佚说：「兄弟之间要尽力做到和睦。救济贫困、祝贺喜庆、吊问灾祸、祭祀恭敬、哀悼丧事，虽然表现为不同的情感，但都是为了使彼此之间的友爱持续，这是对待亲人的道理。」你不能做事不合大道，对他人有什么可怨恨的呢？』襄仲听了很高兴，于是率领兄弟们前去哭丧。

过了几年，穆伯生在莒国的两个儿子来到了鲁国，他们的侄子、文伯的儿子孟献子非常喜欢他们，都城的人都知道这件事情。有人向孟献子进谗言：『这两人终有一天会杀了你。』孟献子把这话告诉了季文子。穆伯的两个儿子说：『孟献子以喜欢我俩的名声传遍都城，我们却以要杀了他的名声传遍都城，这也太有悖于礼了吧？有悖于礼，还不如死了。』于是两人分别去了两个县邑，负责看守当地的城门，最后都在守城中战死。

【品读】

穆伯可以说是一个十足的情种，为了追求自己心爱的女人，首先抛弃了道义，娶了自己本来为弟弟聘定的女子，其次为了追求自己心爱的女人，竟然不顾自己出使周王朝的使命，卷款潜逃到莒国，置自己的封地和官位于不顾，在莒国与他心爱的女人过上了幸福的生活。但是穆伯付出的代价也是惨重的，首先，因为爱情导致兄弟失和，使他在鲁国丧失了政治生命，然后客死异乡，如果不是齐国参与了此事，很可能死后连棺椁都不能运回老家。从忤合的角度来看穆伯的一生，他的背叛似乎很不值得，如果从情感的角度来评价穆伯，也许只能称赞他为了爱情不顾一切的浪漫主义精神了。

一七、楚穆王向北发展的战略

鲁文公九年，楚国大夫范山见晋国灵公年幼，内部又屡屡发生变乱，就向楚穆王进谏说：『现在晋国国君年幼，无意图谋霸业，我们可以趁机向北方扩张。』楚穆王采纳了范山的建议，从狼渊发兵攻打郑国，俘虏了郑国大夫公子坚、公子龙及乐耳，郑国人只好向楚国求和。当时，鲁国的襄仲会同晋国赵盾、宋国华耦、卫国孔达和许国的大夫一同救援郑国，但是没有赶上楚国的军队。

当年夏天，楚国因为陈国归顺晋国，于是就发兵攻打它，并占领了壶丘。秋天，楚国公子朱又从东夷攻打陈国，结果陈国打败了公子朱，并抓住了他。但是陈国害怕楚国报复，就主动和楚国讲和了。

鲁文公十年秋，楚穆王召集陈共公、郑穆公在息地会盟。到了冬天，楚、陈、郑三国和蔡庄公的联合军队驻扎在厥貉，准备攻打宋国。

宋国的司寇华御事说：『楚国想迫使我国服从他们，我们为什么不先主动表现出服从呢？何必等到他们逼迫之后再服从？我们的实力确实无法与楚军抗衡，何必让无辜的老百姓遭罪？』于是就前去迎接楚穆王，慰问楚军并表示愿意听从他的命令。

宋国服从楚国后，就由宋昭公带领楚穆王去孟诸打猎。宋昭公负责包围圈的右边，郑穆公负责包围圈的左边，楚国期思邑的长官复遂为右司马，公子朱和楚大夫文之无畏担任左司马。

清晨的时候，楚穆王命令驾好马车，装好引火工具，但宋昭公没有执行，文之无畏在全军面前用鞭子抽打宋昭公的仆人，以示惩罚。

有人对文之无畏说：『一国之君不可辱。』

文之无畏说：『既然让我担任左司马，我就应该恪尽职守，无论是谁，一视同仁，国君也不能例外。《诗经》说：「硬的不怕，软的也不怕。不能放纵诡诈的人，要让他有所收敛，防止他继续作恶。」说的也是不畏惧权势，我怎么能为了保全性命而玩忽职守呢？』二十多年后，文之无畏出使路过宋国，果然被宋人借故杀死。

厥貉会师的时候，麇国国君逃回了国内，不愿跟随楚国去攻打宋国。于是第二年春天，楚穆王出兵讨伐麇国，楚将成大心在防渚打败了麇军。随后，楚将潘崇再次讨伐麇国，攻到了麇国的都城锡穴。

鲁文公十二年夏，楚穆王又因为舒国和宗国背叛，派军队把他们的国君捉了起来，还围困了巢县，可见当时楚国威势之盛。楚穆王于鲁文公十三年去世，儿子侣继位，是为庄王。楚庄王继续穆王的事业，振兴图霸，成为春秋时代的最后一位霸主。

【品读】

随着晋国的衰弱，楚国失去了这个强大的对手之后，迅速向北方扩张，楚国攻郑、伐陈，用强大的军事力量迫使宋国屈服，然后又惩罚了临阵脱逃的麇国、舒国和宗国。楚国大军所向披靡，攻城略地，为后来的楚庄王成为春秋霸主打下了基础。在周天子式微之后，各个诸侯国之间的征战已经不需要有任何借口，崇尚的真理是武力的强大，弱肉强食成为春秋时期各诸侯国之间的生存法则。楚国违背了周天子提倡的礼仪和正义，用忤的形式开始了春秋战国时期混战的开端，但是，也是这种诸侯混战的格局，促成了最后的六国统一，由乱到治。

一八、秦晋河曲之战

鲁文公十二年，秦康公为报文公七年令狐之战的仇，打算攻打晋国，先派使者西乞术来鲁国聘问。襄仲不愿与秦国和好，不愿意接受西乞术带来的作为聘礼的玉器，辞谢说：『贵国国君没有忘记我们两国先君结下的友谊，派您光临敝国，安抚鲁国百姓，还带来如此贵重的礼物，我们国君怎么敢接受呢？』

西乞术说：『区区薄礼，何足挂齿，您不要太客气了。』

襄仲再三推辞，西乞术说：『敝国国君希望得到贵国先君周公和鲁公的保佑，并愿意从此以后侍奉贵国国君。因此，我国国君派我把这些薄礼献给贵国，作为两国结好的信物。我身负国君重托，前来贵国缔结两国友好关系，所以才敢献上这区区薄礼。』

襄仲说：『没有你这样的人才，哪能治理好国家？秦国地处僻远但并不鄙陋，就是因为有你这样的君子啊。』于是襄仲收下了聘礼，并以厚礼回赠。

外交取得进展后，冬天，秦康公出兵攻打晋国，占领了羁马，晋国派兵抵抗，任命赵盾为中军统帅，荀林父为中军副帅；郤缺担任上军元帅，臾骈担任上军副帅；栾盾统帅下军，胥甲为副帅；由范无恤驾驭战车，在河曲一带摆开阵势，准备迎战秦军。

臾骈说：『秦军肯定坚持不了很长时间，我军应该修深沟、筑高垒，坚守阵地，等待敌军的进攻。』赵盾采纳了他的建议。

秦军准备发起攻击，康公征求士会的意见：『怎样才能让晋军出战？』

士会说：『赵盾新近提拔了他的手下担任上军副帅，这人名叫臾骈，我想一定是他出的主意，企图使我军疲惫。赵盾有一个堂兄弟，名叫赵穿，是晋襄公的女婿。赵穿深得赵盾宠爱，而年纪很轻，不懂得如何打仗，可是生性勇猛，非常狂妄，对臾骈出任上军副帅一直心怀不满。您不妨派轻锐之师，袭击赵穿所在的上军，然后迅速撤离，这样就能引诱晋军与我军交战了。』康公采纳了士会的谋略。交战前，康公把玉璧投入黄河，祈祷河神的保佑。

十二月初四，秦军袭击了晋军上军，赵穿率部下追赶，没有追上。赵穿回来后，大怒道：『我们带着干粮，穿着盔甲，就是为了与敌人作战。现在敌人打到我们跟前，我们却不出击，还等什么呢？』

军吏说：『等待更好的时机。』

赵穿说：『我不懂得什么谋略，反正我自己要去和秦军决一死战。』说完就带领部下冲出营垒。

赵盾见赵穿出击，说：『如果秦军抓住了赵穿，就是俘虏了我国的一个卿。秦军俘虏了我国的卿，就可以胜利回国了，而我又拿什么来回报国人呢？』于是让晋军全部出击，与秦军交战。结果不分胜败，两军分别撤退了。

秦国使者夜里来到晋军阵营下战书，说：『今天，我们双方都打得不痛快，请明天再战。』

臾骈说：『这个使者目光游移不定，声音失常，这是害怕我们的表现，说明秦军想要逃走。我们不如趁机把秦军逼到黄河边，一定能够打败它。』

晋军将要追击，胥甲、赵穿在军营门口阻挡，大声喊道：『死伤的将士还未安置，就又要出击，这太不人道了。未到约定的时间，就把对方往险要的地方逼，这不是勇敢的行为。』于是才没有追击，结果让秦军趁着夜色逃走了，回国途中又去侵扰晋国的其他地方，攻克了瑕邑。

【品读】

如果是势均力敌的两支部队交锋，这时候比的不是实力，而是两军统帅的智慧。秦军远道而来，自然是疲惫之师；而晋国军队以逸待劳，自然有着先天的优势。但是，秦军统帅能够巧妙地利用晋国军队内部的矛盾，掌握了统帅的性格和他们之间的不和，所以，秦军集中优势兵力攻击赵穿的部队，造成了晋国军队内部正确的意见不能得到贯彻，引起了晋军内部的分歧，引起了『忤』，用打击薄弱环节的手段来迫使对方出兵。然后，使用『兵不厌诈』的手段，用所谓『下战书』的方法来麻痹对方，放出两军准备决战的烟幕来拖延时间，然后趁着对方麻痹的时候偷偷溜走，趁机袭扰对方其他没有防卫的地区。由此看来，晋国军队的失败不是输在实力上，而是输在智谋上，输在内部不能统一意见上。

一九、弑君篡位的齐懿公

鲁国国君之女子叔姬嫁给齐昭公，生了一个儿子名叫舍。子叔姬得不到昭公的宠爱，因此舍也就没有威信。

公子商人是齐桓公的儿子，他多次在都城内施舍钱财，还接纳了很多门客，花完了全部家产后，又向掌管公室财物的官员借贷，继续施舍来收买人心。

鲁文公十四年五月，齐昭公去世，公子舍继位。

七月的一天，公子商人在一个晚上弑杀了国君舍，然后让自己的哥哥元出任国君。元说：『你想做国君已经有很长时间了。我能够侍奉你为国君，安心做臣子；如果我接受让位，就会让你心中留下遗憾。还是饶了我，你自己做国君吧。』

齐国人最后立商人为君，是为懿公。公子元不服商人为君，所以始终不称他为『公』，而是称懿公为『那个人』。

鲁大夫襄仲派人向周王报告，请求以周天子的名义向齐国要求让子叔姬回国，说：『儿子已经被杀了，留着母亲有什么用？请把她送回鲁国治罪。』

冬天，周王派单伯出使齐国，替鲁国求情，放子叔姬回国。没想到弄巧成拙，齐国怨恨鲁国借周天子的威势压迫自己，就把单伯抓了起来，同时把子叔姬也抓了起来。

鲁国没办法，只好派季文子到晋国去，想通过晋国周旋，说服齐国释放单伯和子叔姬。齐国见晋国出面，就给了一个面子，答应了释放单伯的请求，先把单伯放了，让他去鲁国通报，然后在服从周王命令的名义下，把子叔姬送回了鲁国。

齐懿公继位后，妄行无道。他屡次派兵侵犯鲁国的西部边境，随后又借口曹国曾经到鲁朝见，而攻打曹国，攻入了曹国的外城。

季文子说：『齐懿公恐怕会灾难临头，自己无礼却去侵犯有礼的国家，还借口说：「你为什么去鲁国朝见？」礼是来顺应上天的，是替天行道。你自己不遵守礼，反而借口别人遵守礼而去讨伐他，那就必然会使灾难降临。《诗经》说：「为什么不互相敬畏，因为不畏惧上天。」君子之所以不虐待幼小卑贱，是因为君子畏惧上天。《周颂》说：「畏惧上天的威严，才能保住国家的安定。」不畏惧上天，凭什么保卫自己的国家呢？依靠叛乱取得政权的国家，即使奉行礼仪来维持自己的政权，尚且害怕没有好的结果。更不用说像齐懿公那样，又做了这么多无礼的事情，就更加难以善终了。』

鲁文公十六年春，鲁国想和齐国媾和，就商量在阳谷会谈。这时鲁文公患病不便出行，就派季文子到阳谷拜见齐懿公，请求结盟，懿公不答应，说：『等鲁文公病好了以后再说罢。』后来鲁文公又派襄仲给齐懿公送了很多财礼，两国才结为盟国。

但到了次年夏天，齐国又来攻打鲁国的北部边境。鲁文公再次派襄仲出使，请求与齐国结盟。六月，两国在谷地结盟。

这年冬天，襄仲前往齐国拜谢谷地之盟。回去后，他向文公报告说：『我听说齐国打算侵略我国。根据我的观察，这种说法毫无根据。齐国国君说话不循礼法，只图眼前利益。臧文仲有句话说：「民主偷，必死。」也就是说身为君主不循礼法，只顾眼前利益的话，他必然很快就会灭亡。』

鲁文公十八年春，齐懿公又要攻打鲁国，但才发布出兵的日期就病倒了。医生说：『等不到秋天，恐怕就会死了。』

鲁文公听说后，命人占卜，祈祷说：『希望等不到齐国出兵之日他就会死。』

惠伯将所卜之事告龟，卜官楚丘占卜后，说：『齐懿公等不到出兵的日子就会死，但不是死于疾病；鲁文公会死在齐懿公前面，因而听不到齐懿公的死讯。将占卜之事告龟的人也将会有灾祸。』果然，二月二十三日，鲁文公去世，惠伯也在随后的继立风波中被杀。

齐懿公还是公子的时候，与邴歜的父亲争夺田产，没有争到。等到他即位，仍然不忘旧仇，派人把邴歜父亲的尸骨从地下挖出来，砍去了双脚，又让邴歜给他驾驭马车。齐懿公又强行霸占阎职的妻子，还让阎职做车右。

五月，懿公在都城外的申池中游泳，邴歜和阎职两个人也在池水里洗澡，后来两个人发生了争执，邴歜用马鞭抽打阎职，阎职大怒，邴歜羞辱阎职说：『别人把你老婆夺走了，你也不生气，打你又有什么关系？』

阎职反唇相讥说：『这也比不上那个被别人砍了自己死去的父亲的双脚却不敢生气的人。』因为两个人都受到了齐懿公的羞辱，于是两个同仇敌忾，商量好了一起对付他们共同的仇人——齐懿公。

他们两人合谋把齐懿公杀了，把他的尸体藏在竹林里。然后二人若无其事地回到城里，到宗庙祭告祖先之后，便逃走了。齐国人立公子元为国君，是为惠公。

【品读】

齐懿公不仅弑君篡位，而且还多次发动不义之战，给邻国造成生灵涂炭。在个人恩怨方面，睚眦必报，在道德操守方面，强夺他人妻子，种种劣迹昭彰，最后被手下人所杀，看似是手下出现了忤臣，但实际上，是因为齐懿公偏离了道德的底线，『多行不义必自毙』，齐懿公之死，是他一直以来作恶多端的必然下场。

二〇、宋昭公被弑

鲁文公七年四月，宋成公去世。这个时候，公子成担任右师，公孙友担任左师，乐豫担任司马，鳞矔担任司徒，公子荡担任司城，华御事担任司寇。这六个人，是宋国的六卿。

宋国人立成公的少子杵臼为君，就是宋昭公。宋昭公还没正式即位，就打算杀掉公子们以绝后患。乐豫劝他说：『不能这样做。公族就好比公室的枝叶。如果去掉这些枝叶，那么公室就失去了庇护。连葛藤这样的植物尚且知道保护自己所附的树干及其根部，所以君子们经常以葛藤来比喻对王室的庇护，更不用说一国之君了！这正如谚语所说的「树荫遮蔽，却滥用斧子砍树木」。绝对不能这样做，还是请国君三思而后行！如果国君您用德行去亲近他们，他们就会成为您的左右亲信，谁还敢三心二意呢？如果这样，为什么还要杀掉他们？』

宋昭公不听劝告，一意孤行，结果宋穆公、宋襄公的子孙率领族人攻打昭公，乱兵在宋公的宫室误杀了公孙固、公孙郑。六卿出面为公室讲和，乐豫还主动把司马的职位让给了昭公的弟弟公子卬。昭公即位后，安葬了在动乱中被杀的人。

宋昭公有个庶出的弟弟公子鲍，对待国人很讲究礼法。宋国发生饥荒时，公子鲍把自己的粮食全部拿出来施舍给老百姓。对于年龄超过七十岁的老人，除赠送粮食外，还根据不同的节令加送美味珍馐。他频繁出入六卿之门，对国内有才干之人没有不以礼相待的。在亲戚中，对桓公、襄公、成公的后代予以接济。公子鲍相貌俊美，光彩照人，宋襄公的夫人想和他私通，公子鲍不肯，襄公夫人转而帮助他施舍救济。宋昭公无道，都城人都愿意侍奉公子鲍，依附襄公夫人。

司城荡去世时，他的儿子公孙寿推辞司城一职，而让自己的儿子荡意诸接替祖父。后来公孙寿对别人说：『国君无道，司城这个职位经常接近国君，我担心今后国君的灾难可能会牵涉我。但是，如果不担任这个职务，族人就没有人保护了。如果由儿子替我担任这一职务，即使今后可能会失去儿子，却可以保护家族免受灾难。』

鲁文公十六年，宋襄公夫人打算安排宋昭公到孟诸打猎，然后乘机杀了他。宋昭公知道后，并没有准备逃跑。司城荡意诸问昭公：『您为什么不逃到其他诸侯那里去呢？』

宋昭公说：『我连六卿和襄夫人都不能处好，又有哪一个诸侯愿意接纳我？况且我身为国君，如果逃到诸侯那里，却要做他们的臣民，还不如死了呢！』

宋昭公把所有的珠宝赏给身边的人，让他们逃走。襄夫人派人通知荡意诸，请他离开昭公。荡意诸说：『身为臣子，在国君有难的时候却逃走不顾，还怎么侍奉今后的国君呢？』

十一月二十二日，宋昭公准备去孟诸狩猎，还未到孟诸，襄夫人就命令驻守甸地的军队把他杀了，荡意诸也为此事自杀。

宋昭公死后，公子鲍即位，是为宋文公。宋文公任命他的弟弟须为司城，当时，华耦继公子卬担任司马，等到华耦去世，宋文公就任命荡意诸的弟弟荡虺为司马。

鲁文公十七年春，晋国荀林父、卫国孔达、陈国公孙宁、郑国石楚讨伐宋国，声讨檄文说：『为什么弑杀你们的国君？』后来，诸侯得知宋文公已经即位，而且新国君也颇受百姓爱戴，就陆续撤兵了。

【品读】

宋昭公在即位之前，就对自己的兄弟们心怀忌惮，准备一一铲除而后快。所以为自己日后的被杀埋下了祸根。但是，宋昭公被杀之前，才对自己没有跟六卿相处好而感到痛心。如果说宋昭公的被杀起源于臣子和兄弟的背叛，那么应该说是宋昭公忤行在前，是他背叛亲情在前，准备诛杀众多公子，引起了大家的恐慌，所以导致了众叛亲离的下场。

二一、公子归生弑君

鲁宣公四年春，楚国献给郑灵公一只大鳖。当时公子宋和公子归生正要进宫，公子宋感觉自己的食指在跳动，于是给归生看，说：『以往我遇到这种情况的时候，一定能够品尝到美味佳肴。』

他们走进宫殿时，看见厨师正在杀大鳖，于是相视而笑。郑灵公问他俩为什么笑，归生就把公子宋的食指能预感到有美味佳肴的事告诉了灵公。等到要把大鳖赐给大夫们吃的时候，郑灵公把公子宋召来，却偏不给他吃，想以此证明他的预感不正确。

公子宋非常生气，硬是把手指伸进鼎锅，然后抽出来尝了尝就出去了。郑灵公也很生气，就想杀掉公子宋。

公子宋因在朝堂之上尝鼋之事与郑灵公结怨，后就谋刺郑灵公之事公子宋与归生商量，想要先发制人。公子归生说：『对于很老的牲畜，人们尚且不忍心杀他，更何况是一国之君呢？』公子宋见劝不动归生，便反过来在灵公面前诬陷他。归生害怕，只好服从公子宋。

当年夏天，公子宋和公子归生杀了郑灵公。《春秋》这样记载：『郑公子归生弑其君夷。』君子评论说：『归生有不忍心杀老牲畜的仁心，却没有阻止或讨伐公子宋的武勇，还是成不了事的。』表示了对公子归生独自承担弑君恶名的遗憾。

郑国人打算立穆公的庶子子良为国君，子良推辞说：『论贤能，则我还不够格；论长幼顺序，则公子坚比我年长。』于是就立公子坚为国君，是为襄公。

郑襄公打算把他所有的兄弟都驱逐出郑国，但留下子良一人。子良不同意襄公这样做，说：『穆公的诸位公子都应当留下来，这是我一向的愿望。如果公子都要离开郑国，那么我也一样应当离开，为什么要单独留下我呢？』襄公于是改变了自己的想法，让公子们都做了大夫。

鲁宣公十年冬，公子归生去世。郑国人为了报复他弑杀灵公一事，剖开了他的棺材，并且把他的族人赶出了郑国。郑灵公死时，一开始谥号为『幽』，这时郑国人又将他重新安葬，并把他的谥号改为『灵』。

【品读】

公子归生尽管也曾经不忍心对自己的国君下手，但是经不住威逼利诱，最后还是成了公子宋的同谋，甚至承担了弑君的恶名。这件事的原因是国君戏弄公子宋开始的，因为公子宋对国君的戏弄不满，发出怨言，以至于导致国君准备杀了公子宋。公子宋的背逆是因为国君的戏弄引起的，所以说，作为一国之君，要时刻检点自己的言行，不要因小失大，因为一点小事，就引起手下人的众叛亲离。

本章释评

鬼谷子第六章《忤合》说的是一种正反关系的发展和变化，在一定的条件下，『忤』与『合』两种关系总是在不断转化，人心向背，事物的发展总是随着大的社会变迁而不断地改变。有智慧的人就是能够掌握这种变化的规律，在合的时候，居安思危，在忤的处境中，坚信否极泰来。